Veelvoorkomende fouten die nieuwe koppels maken en hoe je ze kunt vermijden

Inhoudsopgave

Invoering..1

Overhaast een verbintenis aangaan................................3

Gebrek aan communicatie...7

Conflicten vermijden...12

Onrealistische verwachtingen......................................17

Geen grenzen stellen...22

Het verwaarlozen van individuele belangen........................27

Overmatige afhankelijkheid van elkaar.............................32

Rode vlaggen negeren...37

De relatie met anderen vergelijken................................42

Financiële miscommunicatie..47

Elkaar als vanzelfsprekend beschouwen.............................52

Het niet plannen voor de toekomst.................................56

Het niet oplossen van relaties uit het verleden..................61

Proberen elkaar te veranderen.....................................66

Emotionele intimiteit verwaarlozen................................71

Geen prioriteit geven aan de relatie..............................76

Gebrek aan compromis...81

Slechte conflictresolutie...86

Verlies van romantiek en genegenheid..............................91

Alleen focussen op de korte termijn...............................96

Te geheimzinnig zijn..100

Overmatige betrokkenheid van vrienden of familie.................104

Geen evenwicht tussen intimiteit en ruimte.......................109

Te veel nadruk op fysieke aantrekkingskracht.....................114

Elkaars dromen niet ondersteunen.................................119

Stress van buitenaf de relatie laten beïnvloeden.................123

Niet naar elkaar luisteren.......................................128

Gebrek aan emotionele steun......................................132

Geen plezier samen hebben..137

Het negeren van het belang van groei.............................141

Conclusie 145

Invoering

Een nieuwe relatie aangaan kan een van de meest opwindende en opwindende momenten in het leven zijn. De spanning van het contact met iemand, het leren kennen van hun eigenaardigheden en het visualiseren van een toekomst samen, creëert vaak een huwelijksreisfase waarin alles perfect lijkt. Echter, met al deze opwinding zijn er ook uitdagingen waar veel nieuwe stellen mee te maken krijgen terwijl ze onbekend emotioneel terrein verkennen. Hoewel de eerste connectie moeiteloos kan aanvoelen, vergt het opbouwen van een langdurige en betekenisvolle relatie werk, toewijding en begrip. Zonder de juiste aandacht voor belangrijke aspecten van de relatie, kunnen nieuwe stellen gemakkelijk in veelvoorkomende valkuilen vallen die, na verloop van tijd, de band kunnen verzwakken waar ze zo hard aan hebben gewerkt om te creëren.

Een van de belangrijkste dingen om te beseffen is dat relaties een solide basis vereisen die is gebaseerd op communicatie, vertrouwen en respect. Veel nieuwe koppels maken de fout om zich te haasten in een verbintenis voordat ze elkaars waarden, doelen en emotionele behoeften volledig begrijpen. Deze haast leidt vaak tot conflicten of misverstanden later. Het is essentieel om de tijd te nemen om elkaar echt te leren kennen en om vanaf het begin gezonde patronen te ontwikkelen.

Een ander veelvoorkomend probleem is het gebrek aan effectieve communicatie. In de beginfase van een relatie vermijden partners moeilijke gesprekken om de vrede te bewaren, in de veronderstelling dat stilte de harmonie zal bewaren. Het vermijden van belangrijke discussies over financiën, toekomstige doelen of emotionele behoeften kan echter wrok en verwarring creëren. Gezonde communicatie is essentieel om deze problemen vroegtijdig aan te pakken en een sterke verbinding te behouden.

De druk om perfectie te handhaven is een andere grote horde. Of het nu gaat om interne verwachtingen of externe vergelijkingen, veel koppels streven naar een geïdealiseerde versie van hun relatie. Ze vergelijken zichzelf misschien met andere koppels of proberen te voldoen aan onrealistische normen die door sociale media of vrienden worden gesteld. Dit hoofdstuk over *onrealistische verwachtingen* gaat dieper in op hoe koppels hun verwachtingen kunnen managen en elkaars onvolkomenheden kunnen omarmen.

In de volgende hoofdstukken zullen we niet alleen deze uitdagingen onderzoeken, maar ook praktische oplossingen om koppels te helpen deze veelvoorkomende fouten te vermijden. Of het nu gaat om het leren compromissen te sluiten, conflicten te beheren of de romantiek levend te houden, elk hoofdstuk biedt inzichten in het opbouwen van een duurzame relatie op basis van wederzijdse groei en begrip. Met geduld, openheid en inspanning kunnen nieuwe koppels de opwinding van hun vroege verbintenis omzetten in een levenslange band.

Overhaast een verbintenis aangaan

In de beginfase van een relatie is het makkelijk om meegesleept te worden in de opwinding van een nieuwe connectie. De emotionele hoogtepunten, gedeelde ervaringen en het bedwelmende gevoel van verliefd zijn kunnen vaak een gevoel van urgentie creëren. Veel nieuwe koppels trappen in de valkuil van het idee dat ze zich snel aan elkaar moeten binden op belangrijke manieren, zoals samenwonen, verloven of langetermijnplannen maken. Hoewel dit enthousiasme een prachtig onderdeel kan zijn van verliefd worden, kan het overhaasten van een verbintenis zonder de tijd te nemen om elkaar echt te begrijpen, later tot serieuze uitdagingen leiden.

Een van de belangrijkste redenen waarom koppels zich overhaasten om een verbintenis aan te gaan, zijn de overweldigende emoties die gepaard gaan met een nieuwe liefde. Tijdens de vroege fase van een relatie, vaak de "huwelijksreisfase" genoemd, geeft de hersenen chemicaliën af zoals dopamine, oxytocine en serotonine, die gevoelens van euforie en gehechtheid creëren. Deze biologische reactie kan ervoor zorgen dat de relatie perfect aanvoelt, alsof er nooit iets mis kan gaan. Het is echter belangrijk om te beseffen dat deze fase, hoewel geweldig, tijdelijk is. Uiteindelijk zal de intensiteit van deze emoties vervagen en zal het koppel worden geconfronteerd met de realiteit van wie ze zijn als individu en hoe ze echt samen functioneren als partners.

Overhaaste verbintenissen kunnen een vals gevoel van veiligheid creëren. Wanneer koppels al vroeg belangrijke verbintenissen aangaan, zoals samenwonen of een toekomst plannen, kunnen ze het gevoel hebben dat ze hun relatie hebben verstevigd. Dit kan een gevoel van zelfgenoegzaamheid creëren, waarbij ze geloven dat de verbintenis alleen hen door alle uitdagingen heen zal helpen. De ware kracht van een relatie ligt echter niet in de verbintenissen die worden aangegaan, maar in hoe goed het koppel communiceert, conflicten aanpakt en in de loop van de tijd samen groeit. Wanneer verbintenissen te snel worden aangegaan, kunnen ze onderliggende problemen maskeren die nog niet de kans hebben gehad om aan de oppervlakte te komen, wat op den duur tot aanzienlijke problemen kan leiden.

Een andere reden waarom koppels zich overhaasten om een verbintenis aan te gaan, is de druk van de maatschappij. Er is vaak een onuitgesproken verwachting dat relaties een bepaalde tijdlijn moeten volgen: na een paar maanden daten is het tijd om samen te gaan wonen; na een jaar zou het huwelijk in zicht moeten zijn. Deze druk kan komen van vrienden, familie of zelfs van het vergelijken van de relatie met anderen. Koppels kunnen het gevoel hebben dat als ze zich niet snel committeren, ze op de een of andere manier achterlopen of dat hun relatie niet verloopt zoals het zou moeten. Deze mentaliteit kan leiden tot beslissingen die worden genomen uit angst of vergelijking in plaats van wat echt het beste is voor het koppel.

Jezelf overhaasten kan ook een manier zijn om kwetsbaarheid te vermijden. In de beginfase van een relatie kan het veiliger voelen om een verbintenis aan te gaan dan om de onzekerheid over de richting waarin de dingen gaan, onder ogen te zien. Door je te binden, kunnen koppels het gevoel hebben dat ze de relatie veilig hebben gesteld en zich geen zorgen meer hoeven te maken over pijn of afwijzing. Echte kwetsbaarheid ontstaat echter door de relatie op natuurlijke wijze te laten verlopen, zonder deze in een vooraf gedefinieerde mal te dwingen. Dit vereist geduld en vertrouwen, zowel in jezelf als in de relatie. Wanneer koppels zich overhaasten, doen ze dat misschien om het ongemak van onzekerheid te vermijden, maar op die manier missen ze de kans om echt samen te groeien.

Een van de grootste risico's van overhaaste verbintenissen is dat het kan leiden tot een gebrek aan persoonlijke groei. Wanneer koppels zich te vroeg binden, kunnen ze hun individuele doelen, dromen en identiteiten uit het oog verliezen. In de opwinding van de relatie kunnen ze prioriteit geven aan het partnerschap boven hun persoonlijke ontwikkeling, in de overtuiging dat de relatie al hun behoeften zal vervullen. Een gezonde relatie vereist echter dat beide partners als individu blijven groeien. Wanneer persoonlijke groei wordt opgeofferd in naam van verbintenis, kan dit later leiden tot gevoelens van wrok en ontevredenheid. Na verloop van tijd kan een of beide partners het gevoel krijgen dat ze zichzelf zijn verloren in de relatie, wat kan leiden tot conflicten en zelfs de ontbinding van het partnerschap.

Om te voorkomen dat je je overhaast in een verbintenis stort, is het belangrijk dat koppels de tijd nemen om elkaar echt te leren kennen. Dit betekent meer dan alleen genieten van elkaars gezelschap of het delen van gemeenschappelijke interesses; het betekent elkaars waarden, doelen en emotionele behoeften begrijpen. Het is belangrijk om open en eerlijke gesprekken te voeren over wat elke persoon wil van de relatie, zowel op de korte als op de lange termijn. Deze gesprekken kunnen soms ongemakkelijk zijn, maar ze zijn cruciaal om ervoor te zorgen dat beide partners op dezelfde pagina zitten en dat de relatie is gebouwd op een fundament van wederzijds begrip.

Een ander belangrijk aspect van het vermijden van overhaaste verbintenissen is om de relatie in zijn eigen tempo te laten vorderen. Dit betekent dat je de drang moet weerstaan om de relatie met anderen te vergelijken of een vooraf bepaalde tijdlijn te volgen. Elke relatie is uniek en wat voor het ene stel werkt, werkt mogelijk niet voor het andere. Het is belangrijk om je te richten op wat goed voelt voor de betrokken personen, in plaats van je te houden aan maatschappelijke verwachtingen of druk. Door de relatie op natuurlijke wijze te laten ontvouwen, kunnen stellen een sterk fundament bouwen op basis van vertrouwen en wederzijds respect, in plaats van angst of onzekerheid.

Door de tijd te nemen om de relatie te verkennen voordat ze zich voor de lange termijn committeren, kunnen koppels ook eventuele problemen al vroeg aanpakken. Geen enkele relatie kent uitdagingen en het is belangrijk om deze uitdagingen te herkennen en aan te pakken voordat ze belangrijke verbintenissen aangaan. Overhaast een verbintenis aangaan kan een vals gevoel van veiligheid creëren, waarbij koppels denken dat de verbintenis zelf alle problemen zal oplossen. Als de grondoorzaken van deze problemen echter niet worden aangepakt, zullen ze later waarschijnlijk weer de kop opsteken, wat mogelijk tot nog grotere conflicten leidt. Door de tijd te nemen om uitdagingen al vroeg in de relatie op te lossen, kunnen koppels de vaardigheden en communicatiemiddelen opbouwen die nodig zijn om toekomstige conflicten aan te pakken.

Bovendien is het belangrijk dat koppels een gevoel van individualiteit binnen de relatie behouden. Hoewel het natuurlijk is om in de beginfase veel tijd samen door te willen brengen, is het belangrijk om te onthouden dat een gezonde relatie er een is waarin beide partners als individu blijven groeien. Dit betekent dat ze persoonlijke hobby's, vriendschappen en doelen buiten de relatie moeten onderhouden. Wanneer koppels zich overhaasten in een verbintenis, kunnen ze onbedoeld deze aspecten van hun leven opofferen, in de overtuiging dat de relatie aan al hun behoeften moet voldoen. Een gezonde en duurzame relatie is er echter een waarin beide partners elkaars individuele groei ondersteunen en hun eigen identiteit blijven koesteren.

Concluderend, hoewel de opwinding van een nieuwe relatie het verleidelijk kan maken om je overhaast te committeren, is het belangrijk om de tijd te nemen om elkaar echt te leren kennen en de relatie op natuurlijke wijze te laten vorderen. Je overhaast committeren kan een vals gevoel van veiligheid creëren, onderliggende problemen verhullen en leiden tot een gebrek aan persoonlijke groei. Door de tijd te nemen om een sterk fundament te bouwen op basis van communicatie, vertrouwen en wederzijds respect, kunnen koppels een blijvende en betekenisvolle relatie creëren die de tand des tijds doorstaat.

Gebrek aan communicatie

Effectieve communicatie wordt vaak genoemd als een van de hoekstenen van een gezonde relatie, maar veel nieuwe stellen hebben moeite om open lijnen van dialoog te creëren. In de beginfase van daten kan de opwinding van het leren kennen van iemand nieuw het belang van het bespreken van gevoelens, behoeften en verwachtingen overschaduwen. Helaas kan dit gebrek aan communicatie leiden tot misverstanden, wrok en conflicten, wat uiteindelijk de relatie in gevaar brengt. Het begrijpen van de valkuilen van slechte communicatie en leren hoe je een gezonde dialoog kunt bevorderen, is essentieel voor elk stel dat samen een sterke basis wil bouwen.

Een van de belangrijkste redenen waarom koppels in communicatievallen trappen, is de veronderstelling dat hun partner moet weten wat ze denken of voelen zonder dat het hen verteld wordt. Deze verwachting kan aanzienlijke spanning en frustratie creëren. Als een van de partners zich bijvoorbeeld verwaarloosd of niet gewaardeerd voelt, maar die gevoelens niet uit, kan de andere partner er onbewust van blijven en denken dat alles goed is. Dit soort onuitgesproken wrok kan na verloop van tijd etteren, wat leidt tot emotionele afstand en zelfs tot het uiteindelijk uiteenvallen van de relatie. Het is cruciaal om te onthouden dat niemand gedachten kan lezen, en ervan uitgaan dat je partner je gevoelens begrijpt zonder duidelijke communicatie, creëert de basis voor teleurstelling.

Een andere factor die bijdraagt aan communicatieproblemen is de neiging om moeilijke gesprekken te vermijden. Veel mensen zijn bang voor confrontaties en bewaren liever de vrede door problemen te verdoezelen in plaats van ze rechtstreeks aan te pakken. Hoewel deze aanpak op korte termijn onschadelijk lijkt, leidt het vaak tot grotere problemen op de lange termijn. Bijvoorbeeld, een stel kan een meningsverschil hebben over financiën of huishoudelijke verantwoordelijkheden, maar ervoor kiezen om het niet te bespreken om de sfeer luchtig en plezierig te houden. Echter, het negeren van deze belangrijke onderwerpen kan resulteren in toenemende spanning en onopgeloste conflicten die de relatie na verloop van tijd kunnen uithollen. Leren om moeilijke gesprekken eerlijk en open te benaderen is cruciaal voor het onderhouden van een gezonde dialoog.

Bovendien kan het gebruik van technologie de communicatie in moderne relaties compliceren. Met sms'en en sociale media vinden veel koppels het makkelijker om via schermen te communiceren dan face-to-face. Hoewel technologie een handige manier kan zijn om in contact te blijven, kan het ook leiden tot verkeerde interpretaties en een gebrek aan emotionele connectie. Tekstberichten missen de nuances van stemtoon en lichaamstaal, wat kan leiden tot misverstanden. Een sarcastische opmerking die bedoeld is om grappig te zijn, kan serieus worden genomen, wat kan leiden tot gekwetste gevoelens en verwarring. Koppels moeten moeite doen om persoonlijke gesprekken voorrang te geven bij het bespreken van gevoelige onderwerpen om ervoor te zorgen dat beide partners zich gehoord en begrepen voelen.

Culturele verschillen kunnen ook een belangrijke rol spelen in communicatiestijlen, vooral in diverse relaties. Iedereen brengt zijn eigen achtergrond, opvoeding en communicatiegewoonten mee in de relatie, wat kan leiden tot misverstanden. Bijvoorbeeld, de ene partner kan zijn opgegroeid in een huishouden waar openlijke uitingen van emoties werden aangemoedigd, terwijl de ander uit een achtergrond kan komen die emotionele terughoudendheid prioriteit gaf. Deze verschillen kunnen frictie veroorzaken als ze niet openlijk worden besproken. Het is essentieel voor koppels om deze culturele verschillen te herkennen en te waarderen en samen te werken om een communicatiestijl te vinden die voor beide partners comfortabel aanvoelt.

Een andere valkuil in communicatie is de neiging om tijdens conflicten de schuld te geven of kritiek te leveren. Wanneer er meningsverschillen ontstaan, is het gemakkelijk om in de valkuil te trappen van het wijzen naar de vinger en het toeschrijven van negatieve bedoelingen aan de acties van de ander. Dit schuldspel kan conflicten escaleren en ervoor zorgen dat beide partners zich defensief voelen, waardoor een productieve dialoog wordt geblokkeerd. In plaats van zich te richten op elkaars waargenomen tekortkomingen, moeten koppels proberen hun gevoelens en behoeften op een constructieve manier te bespreken. Het gebruik van "ik"-uitspraken, zoals "ik voel me gekwetst als..." in plaats van "jij altijd..." kan een positievere en open discussie bevorderen, waardoor beide partners zichzelf kunnen uiten zonder een vijandige sfeer te creëren.

Bovendien kan emotionele bagage uit eerdere relaties de communicatie in nieuwe partnerschappen belemmeren. Als een van de partners in het verleden verraad of pijn heeft ervaren, kan hij of zij terughoudender zijn om zijn of haar gevoelens openlijk te uiten uit angst voor kwetsbaarheid. Deze angst kan leiden tot terugtrekking of defensiviteit, waardoor het voor beide partners moeilijk wordt om verbinding te maken. Het is essentieel om eerdere ervaringen te erkennen en samen te werken aan genezing. Het opbouwen van vertrouwen kost tijd en vereist dat beide partners geduldig en begripvol zijn terwijl ze door hun emotionele geschiedenis navigeren.

Dus, hoe kunnen koppels de uitdagingen overwinnen die gepaard gaan met een gebrek aan communicatie? De eerste stap is het creëren van een omgeving van openheid en vertrouwen. Beide partners moeten zich veilig voelen om hun gedachten en gevoelens te uiten zonder angst voor een oordeel of vergelding. Dit kan worden bereikt door actief naar elkaar te luisteren en elkaars emoties te valideren, zelfs als ze het er niet helemaal mee eens zijn. Wanneer beide partners zich gehoord en gewaardeerd voelen, creëert dit een sterkere band en legt het de basis voor gezonde communicatie.

Het kan ook nuttig zijn om speciale tijd vrij te maken voor regelmatige check-ins. Veel stellen leiden een druk leven en vinden het misschien lastig om communicatie te prioriteren te midden van hun hectische schema's. Door bewust tijd vrij te maken voor gesprekken, of het nu gaat om een wekelijkse date night of een informeel gesprek bij een kopje koffie, kunnen stellen een ruimte creëren voor een open dialoog. Tijdens deze check-ins kunnen partners eventuele zorgen bespreken, hun gevoelens delen en hun prestaties vieren, waardoor hun emotionele connectie wordt versterkt.

Bovendien kan het leren van effectieve communicatietechnieken de dialoog aanzienlijk verbeteren. Koppels kunnen profiteren van technieken zoals actief luisteren, waarbij de ene partner spreekt terwijl de andere luistert zonder onderbreking. Nadat de spreker is uitgesproken, kan de luisteraar parafraseren wat er is gezegd om ervoor te zorgen dat hij/zij het begrijpt. Deze techniek toont niet alleen actieve betrokkenheid, maar stelt beide partners ook in staat hun punten te verduidelijken, waardoor de kans op misverstanden wordt verkleind.

Een andere waardevolle tool is empathie oefenen. Koppels moeten ernaar streven elkaars perspectieven en emoties te begrijpen, zelfs als ze het niet met elkaar eens zijn. Empathie stelt partners in staat om op een dieper niveau verbinding te maken, wat medeleven bevordert en defensiviteit vermindert. Door elkaars gevoelens en ervaringen te erkennen, kunnen koppels een ondersteunende omgeving creëren waarin beide partners zich gevalideerd voelen.

Bovendien is het cruciaal om problemen snel aan te pakken in plaats van ze te laten sudderen. Als iets een partner dwarszit, is het essentieel om het eerder dan later ter sprake te brengen. Deze proactieve aanpak helpt voorkomen dat er wrok ontstaat en zorgt voor gezondere discussies over grieven. Koppels moeten basisregels opstellen voor hoe ze deze discussies aanpakken, zodat beide partners zich op hun gemak voelen om hun gedachten en gevoelens te delen.

Ten slotte kan het zoeken naar externe ondersteuning nuttig zijn voor stellen die moeite hebben met communicatie. Relatietherapie of workshops gericht op communicatievaardigheden kunnen waardevolle hulpmiddelen en strategieën bieden voor het navigeren door uitdagende gesprekken. Een neutrale derde partij kan helpen discussies te vergemakkelijken en inzicht te bieden in de communicatiestijl van elke partner, wat zorgt voor meer begrip en groei.

Concluderend is gebrek aan communicatie een van de grootste valkuilen waar nieuwe stellen mee te maken krijgen. Veronderstellingen, het vermijden van moeilijke gesprekken, afhankelijkheid van technologie en culturele verschillen kunnen allemaal bijdragen aan misverstanden en conflicten. Door prioriteit te geven aan open en eerlijke dialogen, vertrouwen op te bouwen en effectieve communicatietechnieken te gebruiken, kunnen stellen een sterke basis voor hun relatie bouwen. Gezonde communicatie bevordert niet alleen de emotionele verbinding, maar rust stellen ook uit met de vaardigheden die nodig zijn om samen uitdagingen aan te gaan, wat uiteindelijk hun band versterkt en zorgt voor een duurzaam partnerschap.

Conflicten vermijden

Conflicten zijn een onvermijdelijk onderdeel van elke relatie. Wanneer twee personen samenkomen, zullen er verschillen in waarden, meningen en levensstijlen ontstaan, en het is essentieel om te erkennen dat conflicten een gezond aspect van een partnerschap kunnen zijn als ze constructief worden benaderd. Veel nieuwe stellen maken echter de fout om conflicten helemaal te proberen te vermijden, omdat ze denken dat meningsverschillen alleen maar spanning zullen creëren of de relatie zullen bedreigen. Deze mentaliteit kan leiden tot onderdrukte emoties, onopgeloste problemen en uiteindelijk een communicatiestoring. Het begrijpen van het belang van het rechtstreeks aanpakken van conflicten en leren hoe je er effectief mee om kunt gaan, is cruciaal voor het opbouwen van een sterk, veerkrachtig partnerschap.

Een van de belangrijkste redenen waarom koppels conflicten proberen te vermijden, is de angst voor confrontatie. Veel mensen zijn geconditioneerd om conflicten als iets negatiefs te zien en associëren ze met ruzies of vijandigheid. Dit perspectief kan leiden tot een verlangen om koste wat kost de vrede te bewaren, zelfs als dat betekent dat belangrijke kwesties worden genegeerd. Conflicten vermijden kan echter een vals gevoel van harmonie creëren, waarbij onderliggende spanningen en frustraties net onder de oppervlakte sudderen. Na verloop van tijd kunnen deze onopgeloste problemen zich manifesteren in passief-agressief gedrag, wrok of emotionele terugtrekking. In plaats van nabijheid te bevorderen, kan het vermijden van conflicten emotionele afstand tussen partners creëren.

Bovendien kan de wens om conflicten te vermijden voortkomen uit eerdere ervaringen. Personen die getuige zijn geweest van of te maken hebben gehad met ongezonde conflictresolutie in hun gezin, kunnen deze patronen meenemen in hun eigen relaties. Als iemand is opgegroeid in een gezin waar ruzies luid, kwetsend of onopgelost waren, kan hij of zij bang zijn dat elk meningsverschil zal escaleren tot een soortgelijke situatie. Deze angst kan ervoor zorgen dat ze confrontaties uit de weg gaan, wat leidt tot een cyclus van vermijding. Het herkennen van deze patronen en het begrijpen dat conflicten niet destructief hoeven te zijn, is van vitaal belang voor stellen die de cyclus willen doorbreken en meningsverschillen met een gezondere mindset willen benaderen.

Een andere veelvoorkomende reden waarom koppels conflicten vermijden, is de overtuiging dat het zichzelf in de loop van de tijd zal oplossen. Veel mensen gaan ervan uit dat als ze een probleem lang genoeg negeren, het gewoon zal verdwijnen. Deze overtuiging leidt echter vaak tot grotere problemen op de lange termijn. Een koppel kan bijvoorbeeld een meningsverschil hebben over financiën, maar ervoor kiezen om het niet te bespreken, in de overtuiging dat het probleem zichzelf zal oplossen. In plaats daarvan kunnen onderliggende frustraties naarmate de tijd verstrijkt, toenemen, wat leidt tot grotere ruzies en een vertrouwensbreuk. Door conflicten vroegtijdig aan te pakken, kunnen problemen worden voorkomen en kunnen koppels een gezonde, open dialoog onderhouden.

Hoewel sommige stellen het gevoel kunnen hebben dat ze conflicten vermijden omwille van de relatie, is het belangrijk om te erkennen dat deze vermijding een voedingsbodem kan creëren voor diepere problemen. Problemen negeren laat ze niet verdwijnen; het laat ze alleen maar etteren en groeien. Wanneer conflicten niet worden aangepakt, kunnen ze leiden tot gevoelens van isolatie en ontkoppeling tussen partners. Beide individuen kunnen het gevoel hebben dat hun behoeften en zorgen niet worden erkend, wat leidt tot frustratie en wrok die uiteindelijk de stabiliteit van de relatie kunnen bedreigen.

De sleutel tot het effectief navigeren door conflicten is het herformuleren van de manier waarop koppels meningsverschillen zien. In plaats van conflicten als een bedreiging te zien, moeten ze worden gezien als een kans voor groei en begrip. Gezonde conflictresolutie stelt beide partners in staat hun gevoelens te uiten, hun perspectieven te delen en uiteindelijk hun band te versterken. Door conflicten te benaderen als een natuurlijk en noodzakelijk aspect van elke relatie, kunnen koppels hun mindset verschuiven van vermijding naar betrokkenheid.

Een effectieve strategie voor het beheren van conflicten is het vaststellen van basisregels voor discussies. Koppels kunnen richtlijnen afspreken die een veilige omgeving creëren voor open dialoog. Ze kunnen bijvoorbeeld afspreken om zonder onderbreking naar elkaar te luisteren, scheldpartijen of persoonlijke aanvallen te vermijden en pauzes te nemen als de emoties hoog oplopen. Het vaststellen van deze basisregels helpt niet alleen om te voorkomen dat conflicten escaleren, maar zorgt er ook voor dat beide partners zich gerespecteerd en gewaardeerd voelen tijdens discussies.

Bovendien kan het gebruik van "ik"-uitspraken de communicatie tijdens conflicten aanzienlijk verbeteren. In plaats van te zeggen: "Je luistert nooit naar me", wat beschuldigend kan overkomen, zou je kunnen zeggen: "Ik voel me niet gehoord als ik mijn gedachten probeer te delen." Deze aanpak richt zich op het uiten van gevoelens in plaats van het geven van schuld, wat productievere discussies kan aanmoedigen. Door eigenaarschap te nemen over hun emoties en ervaringen, kunnen partners begrip en empathie kweken, wat de weg vrijmaakt voor een oplossing.

Actief luisteren is een ander cruciaal onderdeel van effectieve conflictbemiddeling. Wanneer er meningsverschillen ontstaan, moeten beide partners een bewuste poging doen om naar elkaars standpunten te luisteren zonder meteen conclusies te trekken of reacties te formuleren. Actief luisteren houdt in dat je echt hoort wat de ander zegt, verduidelijkende vragen stelt en empathie toont. Deze aanpak valideert niet alleen de gevoelens van elke partner, maar helpt ook om onderliggende problemen te ontdekken die in eerste instantie misschien niet duidelijk waren.

In sommige gevallen kan het voor stellen nuttig zijn om externe ondersteuning te zoeken bij het navigeren door conflicten. Relatietherapie of workshops kunnen waardevolle hulpmiddelen en strategieën bieden om meningsverschillen op een constructieve manier aan te pakken. Een neutrale derde partij kan helpen discussies te faciliteren, waardoor beide partners hun zorgen in een veilige omgeving kunnen uiten. Daarnaast kunnen therapeuten inzicht bieden in ongezonde patronen en communicatiestijlen die effectieve conflictresolutie kunnen belemmeren.

Het is ook belangrijk voor koppels om te erkennen dat niet alle conflicten onmiddellijk opgelost hoeven te worden. Sommige problemen kunnen tijd nodig hebben voor beide partners om hun gevoelens te overdenken en te verwerken voordat ze het gesprek opnieuw kunnen bekijken. Afspreken om een pauze te nemen en een discussie later opnieuw te bekijken, kan emoties laten afkoelen en beide partners de kans geven om het probleem met een helderder perspectief te benaderen. Deze aanpak kan verhitte discussies voorkomen en zorgen voor meer doordachte, productieve gesprekken.

Bovendien kan het vinden van een gemeenschappelijke basis tijdens conflicten een gevoel van teamwerk en samenwerking bevorderen. In plaats van meningsverschillen als tegenstanders te benaderen, zouden koppels samen moeten werken om oplossingen te vinden die voldoen aan de behoeften van beide partners. Deze collaboratieve aanpak versterkt niet alleen de band tussen partners, maar versterkt ook het idee dat ze in hetzelfde team zitten en naar een gemeenschappelijk doel werken.

Een andere waardevolle strategie is om empathie en mededogen te oefenen tijdens conflicten. In plaats van je alleen te richten op je eigen gevoelens en perspectieven, moeten partners ernaar streven elkaars standpunten te begrijpen. Dit betekent dat je je in de schoenen van de ander moet verplaatsen en zijn of haar emoties moet erkennen, zelfs als er meningsverschillen zijn. Empathie oefenen kan helpen de kloof tussen partners te overbruggen, wat zorgt voor meer begrip en verbinding.

Uiteindelijk is conflict een natuurlijk en gezond onderdeel van elke relatie. Hoewel het verleidelijk kan zijn voor nieuwe koppels om meningsverschillen te vermijden in een poging om harmonie te behouden, is het essentieel om te erkennen dat het vermijden van conflicten kan leiden tot diepere problemen en emotionele afstand. Door de manier waarop ze conflicten zien te herformuleren en effectieve communicatiestrategieën te hanteren, kunnen koppels meningsverschillen met vertrouwen en mededogen navigeren. Conflict omarmen als een kans voor groei versterkt niet alleen het partnerschap, maar bevordert ook een dieper begrip van elkaar, wat uiteindelijk leidt tot een veerkrachtigere en vervullendere relatie.

Onrealistische verwachtingen

Het aangaan van een nieuwe relatie gaat vaak gepaard met een mix van opwinding en hoop voor de toekomst. Veel nieuwe stellen worstelen echter met onrealistische verwachtingen die spanning en teleurstelling kunnen veroorzaken. Deze verwachtingen kunnen worden beïnvloed door verschillende factoren, waaronder persoonlijke ervaringen, maatschappelijke normen en populaire mediavoorstellingen van liefde en relaties. Wanneer partners onrealistische overtuigingen hebben over hoe hun relatie eruit zou moeten zien of hoe hun partner zich zou moeten gedragen, kan dit leiden tot frustratie, ontevredenheid en zelfs het uiteindelijk verbreken van de relatie. Het begrijpen van de oorsprong van deze verwachtingen en leren hoe je ermee om kunt gaan, is essentieel voor het bevorderen van een gezonde en vervullende relatie.

Een van de meest voorkomende bronnen van onrealistische verwachtingen komt voort uit de geïdealiseerde voorstellingen van liefde en relaties in films, televisieshows en romantische romans. Deze media beelden relaties vaak af als moeiteloos, waarbij partners voortdurend gelukkig, gepassioneerd en diep verbonden zijn. Hoewel deze voorstellingen vermakelijk kunnen zijn, creëren ze een vertekend beeld van wat een echte relatie inhoudt. In werkelijkheid heeft elke relatie zijn ups en downs, en het is essentieel voor koppels om te erkennen dat conflicten, misverstanden en onvolkomenheden een natuurlijk onderdeel van de reis zijn. Verwachten dat een relatie de sprookjesachtige voorstellingen weerspiegelt, kan leiden tot teleurstelling wanneer de realiteit niet overeenkomt met die fantasieën.

Een andere bron van onrealistische verwachtingen is de druk om een perfect imago te behouden, vaak aangewakkerd door sociale media. Veel koppels voelen zich gedwongen om een gepolijste versie van hun relatie online te presenteren, waarbij ze alleen de hoogtepunten en vreugdevolle momenten laten zien. Dit kan een vals gevoel van vergelijking creëren, waarbij individuen hun eigen relatie meten aan de ogenschijnlijk perfecte levens van anderen. Het is cruciaal voor koppels om te onthouden dat sociale media vaak de beste momenten benadrukken en de worstelingen die zich achter de schermen voordoen, verdoezelen. Het vergelijken van iemands relatie met een geïdealiseerde versie kan leiden tot gevoelens van ontoereikendheid en teleurstelling.

Bovendien kunnen individuele opvoeding en eerdere ervaringen onrealistische verwachtingen vormen. Mensen dragen de invloeden van hun familiedynamiek, eerdere relaties en culturele achtergronden met zich mee, die een kader kunnen creëren voor hoe zij denken dat een gezonde relatie eruit zou moeten zien. Bijvoorbeeld, iemand die is opgegroeid in een huishouden waar communicatie open was en conflicten werden opgelost, kan verwachten dat zijn partner zich op dezelfde manier gedraagt. Omgekeerd kan een persoon met een achtergrond waarin emotionele expressie werd onderdrukt, moeite hebben met het verwoorden van zijn gevoelens of kan verwachten dat zijn partner zijn emoties begrijpt zonder uitleg. Deze verschillende achtergronden kunnen leiden tot verkeerde afstemming in verwachtingen, wat leidt tot frustratie en misverstanden.

Onrealistische verwachtingen kunnen ook voortkomen uit persoonlijke onzekerheden. Personen die worstelen met hun eigenwaarde kunnen hun angsten en zorgen projecteren op hun partner, en verwachten dat die al hun emotionele behoeften vervult of hun waarde bevestigt. Deze afhankelijkheid kan een ongezonde dynamiek in de relatie creëren, waarbij één partner zich overweldigd voelt door de druk om aan de verwachtingen van de ander te voldoen. Het is belangrijk dat personen hun eigen emotionele behoeften erkennen en werken aan zelfacceptatie in plaats van alleen op hun partner te vertrouwen voor bevestiging.

Om de uitdagingen van onrealistische verwachtingen te omzeilen, is open en eerlijke communicatie de sleutel. Koppels moeten het een prioriteit maken om hun hoop, dromen en angsten met betrekking tot de relatie te bespreken. Deze dialoog stelt partners in staat om duidelijk te maken wat ze allebei van de relatie verlangen en om eventuele zorgen die ze hebben over elkaars verwachtingen te uiten. Door deze onderwerpen al vroeg aan te pakken, kunnen koppels een solide basis leggen die is gebaseerd op wederzijds begrip en respect.

Realistische doelen stellen voor de relatie kan ook nuttig zijn. In plaats van te streven naar perfectie, zouden koppels zich moeten richten op groei en vooruitgang. Erkennen dat beide partners mensen zijn en fouten zullen maken, zorgt voor een meer meelevende en vergevingsgezinde omgeving. Het is essentieel om de kleine overwinningen te vieren en te erkennen dat het opbouwen van een gezonde relatie tijd en moeite kost. Wanneer koppels realistische doelen stellen en geduldig zijn met elkaar, kunnen ze een gevoel van voldoening en verbondenheid bevorderen.

Een andere effectieve strategie voor het managen van onrealistische verwachtingen is empathie en begrip te oefenen. Partners moeten ernaar streven om dingen vanuit elkaars perspectief te zien en de unieke uitdagingen te erkennen waarmee elke persoon te maken kan krijgen. Dit vereist actief luisteren en een bereidheid om open gesprekken te voeren over gevoelens, angsten en verlangens. Door empathie te bevorderen, kunnen koppels een omgeving creëren waarin beide partners zich gehoord en gewaardeerd voelen, waardoor de kans op teleurstelling als gevolg van onvervulde verwachtingen wordt verkleind.

Bovendien moeten koppels leren om imperfectie te omarmen. Geen enkele relatie is zonder gebreken en het is belangrijk om te erkennen dat uitdagingen en conflicten kansen kunnen zijn voor groei en een diepere verbinding. Wanneer koppels accepteren dat meningsverschillen een natuurlijk onderdeel zijn van elke relatie, kunnen ze conflicten benaderen met een gezondere mindset, en ze zien als kansen om meer over elkaar te leren en hun band te versterken. Het omarmen van imperfectie stelt koppels ook in staat om zich te richten op de positieve aspecten van hun relatie in plaats van te blijven hangen in tekortkomingen.

Een ander cruciaal aspect van het managen van verwachtingen is om individuele groei te prioriteren naast de groei van de relatie. Elke partner zou zich moeten richten op zijn eigen persoonlijke ontwikkeling, door hobby's, interesses en vriendschappen buiten de relatie na te streven. Dit verrijkt niet alleen het leven van elk individu, maar brengt ook nieuwe ervaringen en perspectieven in het partnerschap. Wanneer beide partners toegewijd zijn aan persoonlijke groei, kunnen ze een gevoel van vervulling en onafhankelijkheid in de relatie brengen, waardoor de druk om aan elkaars behoeften te voldoen, wordt verminderd.

Ten slotte kan het voor stellen nuttig zijn om externe ondersteuning te zoeken, zoals counseling of workshops, om onrealistische verwachtingen te omzeilen. Een professional kan waardevolle inzichten en tools bieden voor het managen van verwachtingen en het bevorderen van gezonde communicatie. Door deel te nemen aan relatietherapie kunnen partners ook onderliggende problemen of patronen ontdekken die kunnen bijdragen aan onrealistische verwachtingen, wat zorgt voor een dieper begrip van elkaar.

Concluderend kunnen onrealistische verwachtingen aanzienlijke uitdagingen creëren voor nieuwe koppels, wat leidt tot teleurstelling en conflicten. De geïdealiseerde voorstellingen van liefde in de media, de druk van vergelijkingen op sociale media, individuele opvoeding en persoonlijke onzekerheden kunnen allemaal bijdragen aan deze verwachtingen. Echter, door open communicatie te bevorderen, realistische doelen te stellen, empathie te oefenen, imperfectie te omarmen, individuele groei te prioriteren en externe steun te zoeken, kunnen koppels hun verwachtingen beheren en een gezonde, vervullende relatie opbouwen. Begrijpen dat liefde niet draait om perfectie, maar om verbinding, groei en wederzijds respect is essentieel om door de complexiteit van partnerschap te navigeren en een blijvende band te creëren.

Geen grenzen stellen

In elke gezonde relatie is het stellen van grenzen cruciaal om respect, vertrouwen en individueel welzijn te behouden. Veel nieuwe koppels zien echter het belang van het stellen van grenzen over het hoofd, omdat ze vaak denken dat liefde onvoorwaardelijke acceptatie en de afwezigheid van grenzen betekent. Deze misvatting kan leiden tot gevoelens van ongemak, wrok en zelfs burn-out, omdat partners hun eigen behoeften en verlangens in gevaar kunnen brengen om de ander te plezieren. Het erkennen van de betekenis van grenzen en leren hoe ze effectief te stellen, is essentieel voor het opbouwen van een sterk en evenwichtig partnerschap.

De eerste stap in het begrijpen van het belang van grenzen is om te herkennen wat ze werkelijk vertegenwoordigen. Grenzen zijn de richtlijnen en beperkingen die individuen stellen om hun emotionele en fysieke ruimte te beschermen. Ze definiëren wat acceptabel gedrag is en wat niet, waardoor partners hun behoeften en voorkeuren duidelijk kunnen communiceren. Zonder deze grenzen kunnen individuen zich overweldigd of niet gerespecteerd voelen, wat leidt tot een geleidelijke erosie van vertrouwen en verbinding.

Een van de redenen waarom veel nieuwe stellen moeite hebben met het stellen van grenzen is de angst voor confrontatie of afwijzing. Partners kunnen zich zorgen maken dat het bespreken van hun behoeften of voorkeuren zal leiden tot conflicten of gekwetste gevoelens. Deze angst kan met name uitgesproken zijn in de beginfase van een relatie, wanneer individuen elkaar nog leren kennen en aarzelen om de boot te laten schommelen. Echter, het vermijden van discussies over grenzen leidt vaak tot grotere problemen later. Wanneer een partner het gevoel heeft dat zijn of haar behoeften consequent worden genegeerd, kan dit leiden tot wrok en emotionele afstand. Het vroegtijdig stellen van grenzen kan misverstanden voorkomen en een gezondere relatiedynamiek bevorderen.

Een andere factor die bijdraagt aan een gebrek aan grenzen stellen is de neiging om de relatie boven individuele behoeften te stellen. Veel mensen gaan relaties aan met de gedachte dat ze de wensen en verlangens van hun partner moeten accommoderen, soms ten koste van hun eigen wensen en verlangens. Hoewel compromissen een essentieel aspect zijn van elk partnerschap, is het belangrijk om te erkennen dat het opofferen van je eigen behoeften ten behoeve van de relatie kan leiden tot gevoelens van ontevredenheid en wrok. Koppels moeten begrijpen dat een gezonde relatie beide partners de mogelijkheid biedt om individueel te floreren en tegelijkertijd hun verbinding te koesteren.

Bovendien kunnen maatschappelijke en culturele normen van invloed zijn op hoe grenzen worden waargenomen en vastgesteld. In sommige culturen kan de nadruk op collectivisme ertoe leiden dat individuen groepsharmonie belangrijker vinden dan individuele behoeften, waardoor het moeilijk wordt om persoonlijke grenzen te stellen. Het is echter belangrijk dat koppels erkennen dat gezonde relaties een balans vereisen tussen persoonlijke autonomie en verbinding. Door duidelijke grenzen te stellen, kunnen partners respect tonen voor elkaars individualiteit, wat uiteindelijk hun band versterkt.

Dus, hoe kunnen koppels effectief hun grenzen vaststellen en communiceren? De eerste stap is om open en eerlijke discussies te voeren over de behoeften, waarden en voorkeuren van elke partner. Deze dialoog creëert een kans voor beide individuen om hun gevoelens te uiten en een wederzijds begrip te creëren van wat acceptabel gedrag is. Partners moeten deze gesprekken benaderen met een bereidheid om te luisteren en empathie te tonen, erkennend dat de grenzen van elke persoon geldig zijn en respect verdienen.

Het gebruik van "ik"-uitspraken kan ook een effectieve manier zijn om grenzen te communiceren. Bijvoorbeeld, in plaats van te zeggen, "Je onderbreekt me altijd," kan een partner zeggen, "Ik voel me niet gehoord als ik word onderbroken." Deze aanpak richt zich op persoonlijke gevoelens in plaats van de ander de schuld te geven, waardoor het voor de partner makkelijker wordt om de gestelde grens te begrijpen en te respecteren. Deze techniek bevordert een constructieve dialoog en moedigt beide partners aan om ontvankelijker te zijn voor elkaars behoeften.

Daarnaast is het belangrijk dat koppels regelmatig bij elkaar checken wat hun grenzen zijn. Naarmate individuen groeien en evolueren, kunnen hun behoeften veranderen, wat aanpassingen aan eerder vastgestelde grenzen vereist. Regelmatige check-ins stellen partners in staat hun grenzen opnieuw te beoordelen en ervoor te zorgen dat beide individuen zich comfortabel en gerespecteerd voelen binnen de relatie. Deze voortdurende communicatie bevordert een gevoel van veiligheid en vertrouwen, omdat beide partners actief betrokken zijn bij het koesteren van de relatie.

Bij het stellen van grenzen moeten koppels ook rekening houden met hun persoonlijke comfortniveaus en grenzen. Elk individu moet de tijd nemen om na te denken over wat ze nodig hebben om zich veilig en gerespecteerd te voelen binnen de relatie. Dit kan grenzen omvatten die gerelateerd zijn aan persoonlijke ruimte, emotionele beschikbaarheid, sociale interacties en communicatiestijlen. Door hun eigen grenzen te identificeren, kunnen partners deze behoeften duidelijker aan elkaar verwoorden, wat leidt tot een beter begrip van elkaars voorkeuren.

Bovendien is het essentieel om te erkennen dat grenzen flexibel en aanpasbaar moeten zijn. Naarmate relaties zich ontwikkelen, kunnen omstandigheden veranderen en moeten partners hun grenzen mogelijk opnieuw evalueren. Openstaan voor het aanpassen van grenzen zorgt voor groei en evolutie binnen de relatie, terwijl beide partners zich gewaardeerd en gerespecteerd blijven voelen. Flexibiliteit in het stellen van grenzen bevordert veerkracht en aanpassingsvermogen, waardoor koppels samen uitdagingen het hoofd kunnen bieden.

Een ander belangrijk aspect van het stellen van grenzen is het erkennen dat niet alle grenzen positief ontvangen zullen worden door de partner. Sommige personen kunnen in eerste instantie moeite hebben om de grenzen die gesteld zijn te begrijpen of te respecteren. In zulke gevallen is het cruciaal dat de partner die de grens stelt, standvastig en consistent blijft in zijn communicatie. Als een grens overschreden wordt, kan het snel en kalm aanpakken van het probleem helpen om het belang van de grens te benadrukken en te laten zien dat deze respect verdient.

Het is ook essentieel voor partners om zelfzorg te beoefenen en prioriteit te geven aan hun emotionele welzijn bij het stellen van grenzen. Dit kan betekenen dat ze tijd voor zichzelf nemen, deelnemen aan activiteiten die vreugde brengen of steun zoeken bij vrienden of familie. Door prioriteit te geven aan zelfzorg, kunnen individuen een solide basis creëren voor hun welzijn, wat uiteindelijk ook de relatie ten goede komt. Wanneer beide partners zich vervuld en gerespecteerd voelen, kunnen ze positiever en constructiever met elkaar omgaan.

Daarnaast moeten koppels zich bewust zijn van de rol die persoonlijke verantwoordelijkheid speelt bij het stellen van grenzen. Elke partner moet verantwoordelijkheid nemen voor zijn of haar acties en de grenzen respecteren die door de partner zijn gesteld. Deze verantwoordelijkheid bevordert een gevoel van vertrouwen en respect binnen de relatie. Als een grens onbedoeld wordt overschreden, versterkt het erkennen van de fout en het bespreken van hoe deze in de toekomst kan worden voorkomen het belang van communicatie en respect.

Ten slotte kan het zoeken naar externe ondersteuning ook nuttig zijn voor stellen die worstelen met het stellen van grenzen. Therapie of counseling kan waardevolle inzichten en hulpmiddelen bieden voor het stellen en handhaven van gezonde grenzen. Een professional kan partners helpen bij het navigeren door uitdagende gesprekken en het bevorderen van een dieper begrip van elkaars behoeften. Deelnemen aan workshops voor stellen gericht op communicatie en het stellen van grenzen kan stellen ook praktische strategieën bieden voor het koesteren van hun relatie.

Concluderend kan het niet stellen van grenzen aanzienlijke uitdagingen opleveren voor nieuwe koppels, wat leidt tot ongemak, wrok en emotionele afstand. Het stellen van duidelijke grenzen is essentieel voor het bevorderen van respect, vertrouwen en individueel welzijn binnen een partnerschap. Door openlijk te communiceren, 'ik'-verklaringen te gebruiken, regelmatig in te checken en zelfzorg te beoefenen, kunnen koppels effectief omgaan met de complexiteit van het stellen van grenzen. Erkennen dat grenzen niet gaan over het creëren van muren, maar over het bevorderen van een veilige en koesterende omgeving, stelt partners in staat om individueel en collectief te floreren. Uiteindelijk dragen gezonde grenzen bij aan een sterkere, veerkrachtigere relatie, waardoor koppels samen kunnen groeien terwijl ze elkaars individualiteit respecteren.

Het verwaarlozen van individuele belangen

In de beginfase van een relatie is het gebruikelijk dat koppels diep in elkaars leven duiken, waarbij ze vaak prioriteit geven aan de relatie boven alles. Hoewel deze intensiteit een sterke band kan creëren, kan het ook leiden tot het verwaarlozen van individuele interesses en persoonlijke passies. Veel nieuwe koppels maken de fout om zich alleen op de relatie te richten en daarbij hun hobby's, vriendschappen en interesses op te offeren. Deze neiging kan uiteindelijk een onevenwicht in het partnerschap creëren, wat leidt tot gevoelens van wrok, verveling en zelfs identiteitsverlies. Het begrijpen van het belang van het koesteren van individuele interesses naast de relatie is cruciaal voor het behouden van een gezonde, vervullende relatie.

Een van de belangrijkste redenen waarom koppels hun individuele interesses verwaarlozen, is de wens om quality time samen door te brengen. In de opwinding van een nieuwe relatie geven partners vaak prioriteit aan gedeelde ervaringen en activiteiten, soms ten koste van hun eigen persoonlijke bezigheden. Hoewel het essentieel is om een band te scheppen over gedeelde interesses om een connectie op te bouwen, is het net zo belangrijk dat beide partners hun individualiteit behouden. Wanneer individuen hun passies en interesses uit het oog verliezen, kunnen ze zich onvervuld of losgekoppeld voelen, wat leidt tot frustratie binnen de relatie.

Bovendien kan de eerste opwinding van een nieuwe relatie een gevoel van urgentie creëren om zoveel mogelijk tijd samen door te brengen. Deze wens om constant verbonden te zijn, kan ertoe leiden dat partners hun interesses opgeven ten gunste van activiteiten die aansluiten bij de relatie. Het verwaarlozen van individuele passies kan echter leiden tot een gevoel van onevenwicht en kan persoonlijke groei belemmeren. Wanneer partners zich niet bezighouden met hun hobby's of interesses, kunnen ze waardevolle ervaringen missen die bijdragen aan hun gevoel van eigenwaarde en algehele geluk.

Bovendien kunnen maatschappelijke en culturele druk bijdragen aan het verwaarlozen van individuele interesses. In veel culturen ligt de nadruk op romantische relaties als de primaire bron van geluk en vervulling. Dit maatschappelijke verhaal kan een verwachting creëren dat individuen zich volledig aan hun partners moeten wijden, waardoor ze gaan geloven dat het nastreven van persoonlijke interesses egoïstisch of onnodig is. Deze overtuiging is echter fundamenteel gebrekkig. Gezonde relaties zijn gebaseerd op wederzijds respect voor de individualiteit van elke partner, en het koesteren van persoonlijke interesses kan de relatie versterken in plaats van afbreuk doen.

Bovendien kan het verwaarlozen van individuele interesses leiden tot codependentie, waarbij de ene partner zwaar op de ander vertrouwt voor emotionele vervulling en identiteit. Deze afhankelijkheid kan een ongezonde dynamiek creëren, omdat individuen in het proces hun eigen behoeften en verlangens uit het oog kunnen verliezen. Wanneer partners te afhankelijk van elkaar worden, kan dit leiden tot gevoelens van druk en verstikking, waardoor het moeilijk wordt voor de relatie om te floreren. Elke partner moet zich gesterkt voelen om zijn passies na te jagen, wat een gevoel van onafhankelijkheid bevordert dat bijdraagt aan een gezonder, evenwichtiger partnerschap.

Om de uitdaging van het verwaarlozen van individuele interesses te overwinnen, moeten koppels prioriteit geven aan open communicatie over hun behoeften en verlangens. Partners moeten zich op hun gemak voelen om hun hobby's en interesses te bespreken, en ze moeten elkaar aanmoedigen om persoonlijke passies na te jagen. Deze dialoog bevordert niet alleen begrip, maar versterkt ook het idee dat de individualiteit van beide partners wordt gewaardeerd binnen de relatie. Elkaar aanmoedigen om zich bezig te houden met persoonlijke interesses creëert een gevoel van steun en voedt persoonlijke groei.

Het reserveren van speciale tijd voor individuele bezigheden is een andere effectieve strategie om een gezonde balans te behouden tussen persoonlijke interesses en de relatie. Koppels moeten regelmatige intervallen instellen waarin elke partner zich kan bezighouden met zijn/haar hobby's of tijd kan doorbrengen met vrienden. Deze opzettelijke aanpak stelt beide individuen in staat om op te laden en opnieuw verbinding te maken met hun passies, wat een gevoel van vervulling buiten de relatie bevordert. Of het nu gaat om het nastreven van een creatieve hobby, deelnemen aan een sportcompetitie of tijd doorbrengen met vrienden, tijd vrijmaken voor individuele interesses verbetert het persoonlijke geluk en algehele welzijn.

Bovendien moeten koppels het idee van gedeelde interesses omarmen en tegelijkertijd het belang van het onderhouden van persoonlijke hobby's erkennen. Hoewel samen deelnemen aan activiteiten de band tussen partners kan versterken, is het net zo belangrijk voor elk individu om zijn eigen passies te cultiveren. Zelfstandig deelnemen aan activiteiten kan een gevoel van opwinding en individualiteit binnen de relatie creëren, omdat elke partner nieuwe ervaringen en perspectieven op tafel brengt.

Bijvoorbeeld, als de ene partner van schilderen houdt en de ander van wandelen, kunnen beiden hun respectievelijke interesses nastreven en tegelijkertijd mogelijkheden vinden om ervaringen te delen. Deze balans zorgt voor persoonlijke groei en verrijkt de relatie met diverse ervaringen en gesprekken. Elkaar aanmoedigen om individuele interesses na te streven kan leiden tot een dynamischer en bevredigender partnerschap.

Bovendien is het onderhouden van vriendschappen buiten de relatie van vitaal belang om een gevoel van individualiteit te behouden. Hoewel het natuurlijk is voor koppels om een hechte band te ontwikkelen, is het net zo belangrijk om vriendschappen en sociale connecties te koesteren. Het onderhouden van vriendschappen stelt individuen in staat om ervaringen te delen, steun te zoeken en deel te nemen aan activiteiten die mogelijk niet aansluiten bij de interesses van hun partner. Deze externe connecties zorgen voor een gevoel van evenwicht, waardoor wordt voorkomen dat de relatie een allesverslindende entiteit wordt.

Het is ook cruciaal voor koppels om zelfbewustzijn te oefenen en te herkennen wanneer ze hun individuele interesses verwaarlozen. Tijd nemen voor persoonlijke reflectie kan partners helpen identificeren of ze hun passies opofferen voor het welzijn van de relatie. Door zelfreflectie kunnen individuen weer in contact komen met hun interesses en beoordelen of ze zich vervuld voelen in hun persoonlijke leven. Als een van de partners het gevoel heeft dat ze zijn afgedreven van hun interesses, is het essentieel om gesprekken te beginnen over hoe ze die activiteiten weer in hun leven kunnen introduceren.

Bovendien zouden koppels elkaars prestaties en passies moeten vieren, en zo het belang van individuele bezigheden benadrukken. Het erkennen en ondersteunen van de interesses van elke partner bevordert een cultuur van aanmoediging en respect binnen de relatie. Wanneer beide partners zich gewaardeerd voelen om hun individualiteit, creëert dit een gevoel van veiligheid en vervulling dat het partnerschap versterkt.

Ten slotte kan het zoeken naar externe ondersteuning nuttig zijn voor stellen die moeite hebben om een balans te vinden tussen hun individuele interesses en de relatie. Therapie of counseling kan waardevolle inzichten bieden in het navigeren door de complexiteit van persoonlijke vervulling binnen een partnerschap. Een professional kan partners helpen hun individuele identiteit te verkennen en discussies over behoeften en verlangens faciliteren. Deelnemen aan workshops gericht op persoonlijke ontwikkeling kan ook praktische tools bieden voor het koesteren van individuele interesses naast de relatie.

Concluderend kan het verwaarlozen van individuele interesses een grote uitdaging vormen voor nieuwe koppels, wat kan leiden tot gevoelens van wrok, verveling en identiteitsverlies. Het is essentieel dat partners prioriteit geven aan open communicatie, tijd vrijmaken voor persoonlijke bezigheden en elkaar aanmoedigen om hun hobby's en vriendschappen te onderhouden. Door een gezonde balans te bevorderen tussen individuele interesses en de relatie, kunnen koppels een vervullend partnerschap creëren dat persoonlijke groei en emotionele verbinding mogelijk maakt. Uiteindelijk is het erkennen dat de individualiteit van beide partners bijdraagt aan de kracht van de relatie de sleutel tot het koesteren van een duurzame en bevredigende band.

Overmatige afhankelijkheid van elkaar

In de opwinding van een nieuwe relatie is het gebruikelijk dat koppels een intense verbinding en een sterk verlangen om samen te zijn voelen. Hoewel deze binding een prachtig aspect van romantiek kan zijn, kan het ook leiden tot een schadelijk patroon van overafhankelijkheid. Overafhankelijkheid treedt op wanneer partners buitensporig afhankelijk zijn van elkaar voor emotionele steun, bevestiging en vervulling, vaak ten koste van hun individuele identiteit en welzijn. Deze dynamiek kan een ongezond relatiepatroon creëren, wat leidt tot gevoelens van verstikking, wrok en een verlies van individualiteit. Het begrijpen van de oorzaken en gevolgen van overafhankelijkheid, samen met strategieën om een evenwichtiger partnerschap te bevorderen, is essentieel voor het onderhouden van een gezonde relatie.

Een van de belangrijkste redenen waarom koppels in de valkuil van overafhankelijkheid kunnen trappen, is het natuurlijke verlangen naar nabijheid en intimiteit dat gepaard gaat met een nieuwe relatie. Wanneer partners een diepe emotionele band delen, kan het opwindend zijn om tijd en energie in elkaar te investeren. Deze intensiteit kan echter snel overweldigend worden als een of beide partners alleen op elkaar gaan vertrouwen voor hun geluk en emotionele behoeften. Wanneer individuen hun partner boven alles stellen, kunnen ze hun eigen interesses, vriendschappen en persoonlijke ontwikkeling verwaarlozen, wat uiteindelijk hun gevoel van eigenwaarde in gevaar brengt.

Overafhankelijkheid komt vaak voort uit onzekerheden en angsten. Mensen die worstelen met hun zelfvertrouwen of die in het verleden trauma's in relaties hebben meegemaakt, kunnen te afhankelijk worden van hun partner voor bevestiging en geruststelling. Deze afhankelijkheid kan een cyclus creëren waarin een partner zich onder druk gezet voelt om voortdurend aan de emotionele behoeften van de ander te voldoen, wat leidt tot gevoelens van uitputting en frustratie.

Als gevolg hiervan kan de relatie uit balans raken, waarbij een partner zich overweldigd voelt door het gewicht van de verwachtingen van de ander.

Bovendien kunnen maatschappelijke normen en culturele invloeden bijdragen aan de neiging om te afhankelijk te zijn van een partner. Veel culturen romantiseren het idee van "zielsverwanten" en benadrukken het idee dat een partner aan alle emotionele en psychologische behoeften moet voldoen. Deze overtuiging kan onrealistische verwachtingen creëren, waarbij individuen vinden dat hun relatie volledige voldoening en vervulling moet bieden. Dit perspectief negeert echter het belang van individuele groei en de behoefte aan diverse bronnen van steun en geluk buiten de romantische relatie.

De gevolgen van overmatige afhankelijkheid kunnen verstrekkend en schadelijk zijn voor beide partners. Een van de belangrijkste problemen die voortkomen uit deze dynamiek is een gebrek aan persoonlijke autonomie. Wanneer individuen te afhankelijk worden van hun partner, kunnen ze het lastig vinden om zelfstandig beslissingen te nemen of activiteiten te ondernemen zonder de betrokkenheid van hun partner. Dit verlies aan autonomie kan leiden tot gevoelens van wrok, omdat individuen zich gevangen kunnen voelen in een relatie waarin hun persoonlijke behoeften consequent over het hoofd worden gezien.

Bovendien kan overmatige afhankelijkheid emotionele groei en veerkracht belemmeren. Wanneer partners alleen op elkaar vertrouwen voor emotionele steun, kunnen ze moeite hebben om gezonde copingmechanismen te ontwikkelen of hulp te zoeken bij andere bronnen, zoals vrienden of professionals in de geestelijke gezondheidszorg. Dit gebrek aan diversiteit in ondersteuningssystemen kan leiden tot gevoelens van isolatie en een onvermogen om zelfstandig met uitdagingen om te gaan. Na verloop van tijd kan deze dynamiek een ongezonde afhankelijkheid creëren die persoonlijke groei onderdrukt en het vermogen van het paar om als individu te floreren beperkt.

Een ander gevolg van overmatige afhankelijkheid is de kans op een burn-out in de relatie. Wanneer een van de partners zich overweldigd voelt door de emotionele eisen van de ander, kan dit leiden tot uitputting en frustratie. Deze burn-out kan zich op verschillende manieren manifesteren, waaronder verhoogde prikkelbaarheid, terugtrekking of zelfs wrok jegens de partner. Naarmate emotionele vermoeidheid toeslaat, kan het koppel een afname ervaren in de tevredenheid en intimiteit van de relatie, wat uiteindelijk leidt tot de verslechtering van het partnerschap.

Om het probleem van overmatige afhankelijkheid aan te pakken, moeten koppels prioriteit geven aan open communicatie over hun behoeften en verwachtingen. Het bespreken van gevoelens van afhankelijkheid kan partners helpen inzicht te krijgen in hun relatiedynamiek en verbeterpunten te identificeren. Door een veilige ruimte voor dialoog te creëren, kunnen individuen hun zorgen uiten zonder angst voor een oordeel, wat leidt tot een dieper begrip van elkaars emotionele behoeften.

Het stellen van gezonde grenzen is een andere essentiële strategie voor het omgaan met overafhankelijkheid. Koppels moeten samenwerken om hun individuele behoeften en grenzen te definiëren, erkennend dat beide partners het recht hebben om hun interesses en vriendschappen buiten de relatie na te streven. Het stellen van grenzen stelt individuen in staat om hun gevoel van eigenwaarde te behouden en tegelijkertijd hun verbinding te koesteren. Partners kunnen bijvoorbeeld overeenkomen om bepaalde avonden apart door te brengen om zich bezig te houden met persoonlijke hobby's of om te socializen met vrienden, waardoor een gezonde balans ontstaat tussen onafhankelijkheid en intimiteit.

Het aanmoedigen van persoonlijke groei is ook essentieel om overmatige afhankelijkheid aan te pakken. Partners moeten elkaars bezigheden en passies actief ondersteunen, en individuele interesses promoten die bijdragen aan persoonlijke vervulling. Deze aanmoediging kan bestaan uit het vieren van prestaties, het bieden van ruimte voor zelfonderzoek en het erkennen van het belang van het behouden van een gevoel van identiteit binnen de relatie. Door een omgeving te bevorderen die waarde hecht aan persoonlijke groei, kunnen koppels hun emotionele veerkracht en algehele tevredenheid over de relatie vergroten.

Bovendien is het cultiveren van een divers ondersteuningsnetwerk essentieel om overafhankelijkheid te voorkomen. Hoewel het natuurlijk is voor partners om emotionele steun van elkaar te zoeken, is het net zo belangrijk om een verscheidenheid aan bronnen voor validatie en aanmoediging te hebben. Het aanmoedigen van vriendschappen en sociale connecties buiten de relatie stelt individuen in staat om een gevoel van onafhankelijkheid te behouden en hun leven te verrijken met diverse ervaringen. Dit netwerk kan waardevolle perspectieven, emotionele steun en kansen voor persoonlijke groei bieden die de algehele relatie verbeteren.

Zelfzorg is ook cruciaal voor het omgaan met overmatige afhankelijkheid. Elke partner moet prioriteit geven aan zijn eigen welzijn door deel te nemen aan activiteiten die vreugde en vervulling brengen. Of het nu gaat om het nastreven van een hobby, sporten of tijd doorbrengen met vrienden, zelfzorg stelt individuen in staat om op te laden en opnieuw verbinding te maken met hun gevoel van identiteit. Wanneer partners prioriteit geven aan hun welzijn, brengen ze een gezondere, meer evenwichtige energie in de relatie, waardoor het risico op burn-out en emotionele uitputting wordt verminderd.

Ten slotte kan het zoeken naar professionele ondersteuning nuttig zijn voor stellen die worstelen met overafhankelijkheid. Therapie of counseling kan waardevolle inzichten bieden in de dynamiek van relaties en hulpmiddelen bieden om een gezondere relatie te bevorderen. Een therapeut kan partners helpen hun afhankelijkheidspatronen te onderzoeken en strategieën te ontwikkelen om een evenwichtigere relatie te creëren. Relatietherapie kan ook open gesprekken over emotionele behoeften faciliteren en partners aanmoedigen om hun gevoelens op een constructieve manier te uiten.

Concluderend kan overmatige afhankelijkheid van elkaar aanzienlijke uitdagingen creëren voor nieuwe koppels, wat leidt tot gevoelens van verstikking, wrok en verlies van individualiteit. Het is essentieel voor partners om prioriteit te geven aan open communicatie, gezonde grenzen te stellen, persoonlijke groei te stimuleren, diverse ondersteuningsnetwerken te cultiveren, zelfzorg te beoefenen en professionele ondersteuning te zoeken wanneer nodig. Door het belang te erkennen van het behouden van individualiteit naast de relatie, kunnen koppels een gezonder, evenwichtiger partnerschap bevorderen dat emotionele vervulling en persoonlijke groei mogelijk maakt. Uiteindelijk is het begrijpen dat beide partners verantwoordelijk zijn voor hun geluk en welzijn de sleutel tot het koesteren van een duurzame en bevredigende relatie.

Rode vlaggen negeren

In de beginfase van een romantische relatie kan het makkelijk zijn om verliefd te worden op de opwinding en passie die gepaard gaan met een nieuwe liefde. Echter, te midden van de spanning van de romantiek, kunnen veel nieuwe koppels waarschuwingssignalen of "rode vlaggen" over het hoofd zien die duiden op potentiële problemen in de relatie. Het negeren van deze rode vlaggen kan ernstige gevolgen hebben, wat kan leiden tot diepere problemen, emotionele stress en zelfs de uiteindelijke breuk van het partnerschap. Begrijpen wat rode vlaggen zijn, hun betekenis herkennen en leren hoe je ze kunt aanpakken, is cruciaal voor het bevorderen van een gezonde en duurzame relatie.

Rode vlaggen zijn gedragingen, houdingen of patronen die potentiële problemen binnen een relatie signaleren. Ze kunnen zich in verschillende vormen manifesteren, waaronder ongezonde communicatiestijlen, controlerend gedrag, buitensporige jaloezie of een gebrek aan respect voor grenzen. Hoewel het natuurlijk is dat koppels conflicten of meningsverschillen ervaren, geven rode vlaggen vaak diepere problemen aan die, als ze niet worden aangepakt, in de loop van de tijd kunnen escaleren tot grotere uitdagingen.

Een van de belangrijkste redenen waarom mensen rode vlaggen negeren, is de wens om het beste in hun partner te zien. Wanneer verliefdheid toeslaat, kunnen mensen verblind raken door hun gevoelens, zich richten op de positieve kwaliteiten van hun partner en zorgwekkend gedrag negeren. Deze idealisering kan een vals gevoel van veiligheid creëren, waardoor mensen problematisch gedrag gaan rationaliseren of bagatelliseren. Iemand kan bijvoorbeeld de jaloezie van zijn partner vergoelijken door zichzelf te vertellen dat het een teken van liefde is, in plaats van het te herkennen als een mogelijke indicator van onzekerheid of controle.

Een andere factor die bijdraagt aan de neiging om rode vlaggen te negeren is angst. Mensen zijn bang dat het aanpakken van een rode vlag zal leiden tot conflicten, afwijzing of zelfs het einde van de relatie. Deze angst kan leiden tot vermijding, waarbij partners ervoor kiezen om zorgwekkend gedrag te negeren in de hoop dat ze zichzelf na verloop van tijd zullen oplossen. Het vermijden van deze problemen resulteert echter vaak in een verslechtering van het vertrouwen en de communicatie binnen de relatie, waardoor het steeds moeilijker wordt om de onderliggende problemen later aan te pakken.

Bovendien kunnen eerdere ervaringen van invloed zijn op het vermogen van een individu om rode vlaggen te herkennen en erop te reageren. Mensen die eerder in ongezonde of giftige relaties hebben gezeten, kunnen ongevoelig worden voor waarschuwingssignalen, omdat ze denken dat dergelijk gedrag normaal of acceptabel is. Deze normalisatie van rode vlaggen kan een gevaarlijke cyclus creëren, waarbij individuen patronen uit hun verleden herhalen en de potentiële schade in hun huidige relatie niet herkennen.

De gevolgen van het negeren van rode vlaggen kunnen aanzienlijk en verstrekkend zijn. Een groot probleem dat kan ontstaan, is de erosie van vertrouwen. Wanneer een partner zich bezighoudt met zorgwekkend gedrag, zoals liegen of respectloos zijn, kan dit leiden tot een breuk in het vertrouwen binnen de relatie. Vertrouwen is een fundamenteel onderdeel van elke gezonde relatie en als het eenmaal is aangetast, kan het ongelooflijk moeilijk zijn om het weer op te bouwen. Als rode vlaggen consequent worden genegeerd, kunnen de onderliggende problemen etteren en groeien, wat uiteindelijk leidt tot een volledige breuk in de relatie.

Bovendien kan het negeren van rode vlaggen leiden tot emotionele stress en psychologische schade. Mensen kunnen zich in situaties bevinden waarin ze zich gemanipuleerd, gecontroleerd of niet gerespecteerd voelen. Deze emotionele onrust kan een tol eisen van iemands mentale gezondheid, wat leidt tot gevoelens van angst, depressie en een laag zelfbeeld. Na verloop van tijd kan het cumulatieve effect van het negeren van rode vlaggen een giftige omgeving creëren waarin een of beide partners zich gevangen en ongelukkig voelen.

Om de valkuilen van het negeren van rode vlaggen te vermijden, moeten koppels prioriteit geven aan open en eerlijke communicatie. Het is essentieel dat partners zich op hun gemak voelen om hun zorgen te bespreken en hun gevoelens over elkaars gedrag te uiten. Door een veilige ruimte voor dialoog te creëren, kunnen individuen hun observaties en ervaringen delen zonder angst voor een oordeel of tegenreactie. Deze transparantie bevordert vertrouwen en begrip, waardoor koppels potentiële problemen kunnen aanpakken voordat ze escaleren.

Het herkennen van rode vlaggen vereist het ontwikkelen van een scherp gevoel van zelfbewustzijn en emotionele intelligentie. Elke partner moet de tijd nemen om na te denken over zijn of haar eigen gevoelens, gedragingen en grenzen. Als iets vreemd of ongemakkelijk aanvoelt, is het belangrijk om die gevoelens te erkennen en te overwegen of ze mogelijk duiden op een groter probleem. Vertrouwen op je instincten is cruciaal; als een gedraging zorgen oproept, is het essentieel om het aan te pakken in plaats van het te negeren.

Bovendien kan het ontzettend nuttig zijn om jezelf te informeren over gezonde relatiedynamieken. Begrijpen wat een gezonde relatie inhoudt, zoals wederzijds respect, open communicatie en emotionele steun, kan individuen helpen om rode vlaggen gemakkelijker te herkennen. Door zichzelf vertrouwd te maken met mogelijke waarschuwingssignalen, kunnen partners een duidelijker begrip ontwikkelen van waar ze op moeten letten in hun relatie.

Wanneer een rode vlag wordt geïdentificeerd, is het van vitaal belang dat koppels deze direct en constructief aanpakken. Dit houdt in dat ze het gesprek benaderen met een mindset van nieuwsgierigheid en empathie, in plaats van beschuldigend of defensief. Als een partner bijvoorbeeld zijn bezorgdheid uit over de jaloezie van de ander, is het belangrijk dat beide partners een dialoog aangaan over de onderliggende gevoelens en motivaties die dat gedrag aansturen. Deze gezamenlijke aanpak stelt partners in staat om de grondoorzaken van de rode vlag te onderzoeken en samen te werken om oplossingen te vinden.

Grenzen stellen en handhaven is ook cruciaal bij het aanpakken van rode vlaggen. Als een partner een gedrag identificeert dat ongemakkelijk of onacceptabel voelt, is het belangrijk om die grens duidelijk te communiceren. Als een partner zich bijvoorbeeld niet gerespecteerd voelt door de afwijzende opmerkingen van zijn of haar partner, moet hij of zij zijn of haar gevoelens verwoorden en een grens stellen rond respectvolle communicatie. Grenzen handhaven helpt individuele behoeften te versterken en bevordert een gezondere relatiedynamiek.

In sommige gevallen kan het nodig zijn om professionele ondersteuning te zoeken bij het aanpakken van rode vlaggen. Relatietherapie of counseling kan waardevolle inzichten en hulpmiddelen bieden voor het navigeren door complexe relatiedynamieken. Een getrainde professional kan open discussies over rode vlaggen faciliteren, en koppels helpen de onderliggende problemen te onderzoeken en strategieën te ontwikkelen om deze aan te pakken. Therapie kan ook een veilige ruimte bieden voor individuen om hun gevoelens te uiten en duidelijkheid te krijgen over hun relatie.

Uiteindelijk is het herkennen en aanpakken van rode vlaggen essentieel voor het bevorderen van een gezonde en bloeiende relatie. Het negeren van waarschuwingssignalen kan leiden tot emotionele stress, erosie van vertrouwen en aanzienlijke relatieproblemen. Door prioriteit te geven aan open communicatie, zelfbewustzijn en educatie over gezonde dynamiek, kunnen koppels samenwerken om rode vlaggen te identificeren en aan te pakken voordat ze escaleren tot grotere problemen. Het opbouwen van een relatie die is gebaseerd op vertrouwen, respect en emotionele steun stelt partners in staat om samen uitdagingen aan te gaan, wat uiteindelijk een sterkere en veerkrachtigere band creëert.

Concluderend is het herkennen en aanpakken van rode vlaggen in een relatie cruciaal voor het behoud van emotioneel welzijn en het verzekeren van een gezonde relatie. Koppels moeten een cultuur van open communicatie, zelfbewustzijn en wederzijds respect cultiveren om potentiële problemen effectief te navigeren. Door rode vlaggen te erkennen en proactieve stappen te ondernemen om ze aan te pakken, kunnen partners een relatie opbouwen die is gebaseerd op vertrouwen en begrip, waardoor ze samen kunnen groeien terwijl aan hun individuele behoeften wordt voldaan. Uiteindelijk stelt waakzaamheid over rode vlaggen koppels in staat om een sterke, vervullende relatie op te bouwen die de tand des tijds doorstaat.

De relatie met anderen vergelijken

In het tijdperk van sociale media en constante connectiviteit is het voor koppels maar al te gemakkelijk om in de valkuil te trappen om hun relatie te vergelijken met die van anderen. Of het nu gaat om het scrollen door Instagram-feeds vol perfect samengestelde momenten van romantiek of het horen over ogenschijnlijk perfecte relaties van vrienden, veel individuen meten hun liefdesleven af aan externe normen. Hoewel een zekere mate van vergelijking natuurlijk is, kan het consequent vergelijken van iemands relatie met die van anderen leiden tot ontevredenheid, onzekerheid en zelfs conflicten. Het begrijpen van de valkuilen van dit gedrag en leren hoe je een gezond perspectief op relaties kunt cultiveren, is essentieel voor het koesteren van een vervullende relatie.

Een van de belangrijkste redenen waarom mensen hun relaties vergelijken met die van anderen, is de alomtegenwoordige invloed van sociale media. Platforms als Instagram en Facebook tonen vaak hoogtepunten uit het leven van mensen, waardoor kijkers denken dat anderen een niveau van geluk en vervulling hebben bereikt dat de realiteit niet weerspiegelt. Koppels zien misschien foto's van vrienden op romantische vakanties, extravagante cadeaus of grootse gebaren van liefde en beginnen de diepte of kwaliteit van hun eigen relatie in twijfel te trekken. Deze constante blootstelling aan geïdealiseerde voorstellingen van romantiek kan onrealistische verwachtingen creëren, waardoor partners zich ontoereikend of ontevreden voelen met hun liefdesleven.

Bovendien kunnen maatschappelijke verhalen over liefde en relaties bijdragen aan de gewoonte van vergelijking. Van films tot romantische romans, er is vaak een geïdealiseerde weergave van hoe een "perfecte" relatie eruit zou moeten zien. Dit verhaal kan druk creëren voor koppels om aan bepaalde normen te voldoen, waardoor ze gaan geloven dat hun relatie een afspiegeling moet zijn van de normen die in de populaire cultuur worden afgebeeld. Wanneer de realiteit niet aan deze verwachtingen voldoet, kunnen individuen teleurgesteld raken en beginnen te twijfelen aan de levensvatbaarheid van hun eigen partnerschap.

Bovendien kan het vergelijken van relaties leiden tot gevoelens van jaloezie en wrok. Wanneer een partner waarneemt dat een ander stel een betere of spannendere relatie heeft, kan dit gevoelens van ontoereikendheid creëren. Deze jaloezie kan zich uiten in negatief gedrag, zoals kritiek of terugtrekking, wat de relatie verder onder druk zet. In plaats van waardering voor elkaar te kweken, kunnen partners elkaar gaan bekijken door een lens van vergelijking, wat uiteindelijk leidt tot een giftige dynamiek.

De gevolgen van het vergelijken van relaties kunnen schadelijk zijn, zowel voor individuen als voor de relatie als geheel. Een belangrijk probleem is de erosie van het zelfrespect. Wanneer individuen hun relatie voortdurend meten aan anderen, kunnen ze gevoelens van ontoereikendheid internaliseren, geloven dat ze niet genoeg zijn of dat hun relatie tekortschiet. Dit verminderde zelfrespect kan leiden tot een cyclus van negatieve zelfpraat, wat uiteindelijk iemands mentale gezondheid en algehele welzijn beïnvloedt.

Bovendien kan constante vergelijking ontevredenheid en ongenoegen kweken. Wanneer partners zich richten op wat ze als ontbrekend ervaren in hun relatie, kunnen ze de sterke en positieve aspecten van hun eigen partnerschap over het hoofd zien. Deze neiging kan een alomtegenwoordig gevoel van ontevredenheid creëren, wat leidt tot meer conflicten en spanningen tussen partners. In plaats van hun unieke band te vieren, kunnen koppels zichzelf constant zien streven naar een onbereikbaar ideaal, wat vermoeiend en schadelijk kan zijn voor hun emotionele verbinding.

Om de negatieve effecten van het vergelijken van relaties te bestrijden, moeten koppels prioriteit geven aan open communicatie over hun gevoelens en onzekerheden. Het is essentieel dat partners hun gedachten over externe invloeden bespreken en hoe deze hun perceptie van de relatie kunnen beïnvloeden. Door een veilige ruimte voor dialoog te creëren, kunnen individuen hun zorgen uiten en samenwerken om de unieke aspecten van hun partnerschap te versterken. Deze open communicatie bevordert begrip en empathie, waardoor koppels effectiever kunnen omgaan met gevoelens van ontoereikendheid of jaloezie.

Een andere belangrijke strategie is om dankbaarheid voor de relatie te cultiveren. Koppels moeten de tijd nemen om de positieve aspecten van hun partnerschap te erkennen en waarderen. Dit kan inhouden dat ze regelmatig hun dankbaarheid voor elkaar uiten, mijlpalen vieren of reflecteren op gedeelde ervaringen. Door zich te richten op wat hun relatie speciaal maakt, kunnen koppels hun perspectief verschuiven van vergelijking naar waardering. Het bijhouden van een dankbaarheidsdagboek kan een effectief hulpmiddel zijn om positieve momenten vast te leggen en partners te herinneren aan de sterke punten van hun band.

Zelfreflectie is ook cruciaal om de gewoonte van vergelijking te overwinnen. Partners moeten de tijd nemen om hun individuele gevoelens en motivaties te beoordelen en de redenen achter hun behoefte om hun relatie met anderen te vergelijken te identificeren. Dit zelfbewustzijn kan individuen helpen hun onzekerheden te begrijpen en gezondere copingmechanismen te ontwikkelen. Door de grondoorzaken van vergelijking aan te pakken, kunnen partners werken aan het opbouwen van een veiligere en zelfverzekerdere relatie.

Grenzen stellen rondom social media-consumptie kan ook nuttig zijn om vergelijking tegen te gaan. Koppels moeten hun social media-gewoonten bespreken en overwegen om de blootstelling aan content die gevoelens van ontoereikendheid oproept, te verminderen. Dit kan betekenen dat accounts die onrealistische voorstellingen van relaties promoten, worden ontvolgd of dat de tijd die wordt besteed aan het scrollen door feeds wordt beperkt. Door een gezondere omgeving voor mediaconsumptie te creëren, kunnen partners de kans op vergelijking verkleinen en een positievere mindset bevorderen.

Bovendien is het essentieel voor koppels om te onthouden dat elke relatie uniek is. In plaats van te streven naar een geïdealiseerde versie van romantiek, zouden partners zich moeten richten op het cultiveren van hun eigen verbinding op basis van wederzijds respect, vertrouwen en gedeelde waarden. Door individualiteit binnen het partnerschap te benadrukken, kunnen koppels hun eigen reis waarderen zonder de druk van externe verwachtingen. Deze erkenning bevordert een diepere emotionele verbinding en moedigt partners aan om elkaars groei te ondersteunen.

Bovendien kan het zoeken naar relaties met andere stellen waardevol perspectief en steun bieden. Het opbouwen van vriendschappen met stellen die dezelfde waarden delen, kan partners helpen zich minder geïsoleerd te voelen in hun ervaringen. Door open gesprekken aan te gaan met vrienden over relaties, kunnen stellen inzicht krijgen in de uitdagingen en successen van anderen, wat uiteindelijk het idee versterkt dat elk partnerschap zijn ups en downs heeft. Dit gevoel van gemeenschap kan helpen gevoelens van ontoereikendheid te verlichten en een grotere waardering voor hun eigen relatie te bevorderen.

Ten slotte moeten koppels voorzichtig zijn met het toestaan dat externe meningen hun relatie beïnvloeden. Hoewel het nuttig kan zijn om advies te vragen aan vertrouwde vrienden of familieleden, is het essentieel om te onthouden dat elke relatie anders is. Partners moeten op hun instincten vertrouwen en prioriteit geven aan wat het beste voor hen werkt, in plaats van zich te conformeren aan maatschappelijke normen of verwachtingen. Door hun unieke band te waarderen en beslissingen te nemen op basis van hun individuele behoeften, kunnen koppels een meer vervullende relatie creëren.

Concluderend kan het vergelijken van iemands relatie met anderen aanzienlijke uitdagingen opleveren, wat leidt tot ontevredenheid, onzekerheid en conflicten. Door prioriteit te geven aan open communicatie, dankbaarheid te cultiveren, zelfreflectie toe te passen en grenzen te stellen rondom sociale media, kunnen koppels de negatieve effecten van vergelijking bestrijden. Het erkennen van de uniciteit van hun relatie en het waarderen van hun reis bevordert een diepere emotionele verbinding, wat uiteindelijk leidt tot een gezonder, bevredigender partnerschap. Het omarmen van het idee dat liefde verschillende vormen aanneemt, stelt koppels in staat hun eigen band te waarderen en uitdagingen met vertrouwen en veerkracht te overwinnen. Uiteindelijk stelt het begrijpen dat elke relatie een afzonderlijke reis is, koppels in staat zich te concentreren op hun groei en geluk in plaats van op externe invloeden, wat een duurzaam en bevredigend partnerschap bevordert.

Financiële miscommunicatie

Financiële miscommunicatie is een veelvoorkomende uitdaging waar veel nieuwe stellen mee te maken krijgen en het kan leiden tot aanzienlijke stress, conflicten en zelfs de verslechtering van de relatie. Geld is een gevoelig onderwerp, vaak verbonden met diepgewortelde overtuigingen en waarden. Wanneer partners samenkomen, brengen ze hun unieke perspectieven op financiën mee, gevormd door hun opvoeding, persoonlijke ervaringen en financiële geletterdheid. Zonder open communicatie en wederzijds begrip kunnen financiële misverstanden snel escaleren tot grotere problemen, waardoor er scheuren ontstaan die de algehele gezondheid van de relatie beïnvloeden.

Een van de belangrijkste redenen waarom koppels financiële miscommunicatie ervaren, is een verschillende financiële achtergrond. Elke partner is mogelijk opgegroeid in huishoudens met een andere houding ten opzichte van geld. Sommigen hebben misschien geleerd om ijverig te sparen, terwijl anderen zijn opgegroeid in een omgeving waarin uitgeven werd aangemoedigd. Deze contrasterende visies kunnen leiden tot meningsverschillen over budgettering, sparen en uitgavenprioriteiten. Bijvoorbeeld, de ene partner kan prioriteit geven aan sparen voor een huis, terwijl de ander liever uitgeeft aan ervaringen zoals reizen. Als deze perspectieven niet openlijk worden besproken, kan er frustratie ontstaan, wat leidt tot wrok en conflicten.

Bovendien kan financiële geletterdheid sterk verschillen tussen partners. De een heeft misschien een sterk begrip van persoonlijke financiën, investeringen en budgettering, terwijl de ander zich overweldigd kan voelen door financiële zaken. Deze onevenwichtigheid kan leiden tot gevoelens van ontoereikendheid of afhankelijkheid, waarbij de ene partner het gevoel heeft dat hij/zij de leiding moet nemen over financiële beslissingen, terwijl de ander zich buitengesloten voelt van het proces. Wanneer financiële verantwoordelijkheden niet duidelijk zijn gedefinieerd, kan dit een gevoel van chaos en onzekerheid in de relatie creëren.

Bovendien kan het ontbreken van regelmatige financiële check-ins miscommunicatie verergeren. Het leven kan druk zijn en het bespreken van financiën voelt misschien niet altijd urgent of noodzakelijk. Echter, het verwaarlozen van regelmatige gesprekken over geld kan leiden tot misverstanden over uitgavenpatronen, spaardoelen en financiële prioriteiten. Als een van de partners een belangrijke aankoop doet zonder het te bespreken, kan de ander zich overrompeld of verraden voelen. Na verloop van tijd kunnen deze onopgeloste problemen het vertrouwen ondermijnen en een giftige omgeving creëren waarin financiële beslissingen een bron van conflict worden.

De gevolgen van financiële miscommunicatie kunnen ingrijpend zijn. Een belangrijk probleem is de kans op meer stress en angst. Geld wordt vaak genoemd als een van de belangrijkste oorzaken van stress in relaties, en wanneer partners financieel niet op één lijn zitten, kan dit deze gevoelens verergeren. Financiële meningsverschillen kunnen leiden tot emotionele onrust, waardoor partners zich losgekoppeld en gefrustreerd voelen. Deze stress kan overslaan naar andere gebieden van de relatie, wat van invloed is op communicatie, intimiteit en algehele tevredenheid.

Een ander belangrijk gevolg is de kans op financiële instabiliteit op de lange termijn. Wanneer partners niet effectief communiceren over hun financiële doelen en prioriteiten, kan dit leiden tot slechte besluitvorming. Als een van de partners bijvoorbeeld schulden aangaat zonder de ander te raadplegen, kan dit een financiële last creëren die beide individuen treft. Evenzo kan het niet stellen van gezamenlijke financiële doelen resulteren in gemiste kansen voor besparingen of investeringen, waardoor het vermogen van het koppel om hun gedeelde aspiraties te bereiken, wordt beperkt.

Om financiële miscommunicatie aan te pakken, moeten koppels prioriteit geven aan open en eerlijke communicatie over hun financiële situaties, overtuigingen en doelen. Dit gesprek moet worden benaderd met empathie en een bereidheid om te luisteren. Elke partner moet zich veilig voelen om zijn of haar gedachten en zorgen te uiten zonder angst voor oordelen of kritiek. Het creëren van een niet-confronterende omgeving kan begrip bevorderen en koppels helpen om gevoelige financiële onderwerpen effectiever te navigeren.

Regelmatige financiële check-ins kunnen ook nuttig zijn. Door speciale tijd in te plannen om financiën te bespreken, kunnen partners op de hoogte blijven van elkaars perspectieven en financiële activiteiten. Tijdens deze check-ins kunnen koppels budgetten bekijken, uitgavenpatronen bespreken en financiële doelen op korte en lange termijn stellen. Deze proactieve aanpak bevordert niet alleen transparantie, maar versterkt ook een gevoel van teamwerk en gedeelde verantwoordelijkheid bij het beheren van financiën.

Het opstellen van een gezamenlijk budget kan ook helpen financiële miscommunicatie te verminderen. Door samen te werken aan een budget, kunnen koppels hun uitgavenprioriteiten afstemmen en duidelijke verwachtingen stellen voor financiële bijdragen. Dit proces moedigt partners aan om hun financiële doelen te bespreken en compromissen te onderhandelen, wat een gevoel van eigenaarschap over de financiële beslissingen die worden genomen, bevordert. Een tastbaar plan kan misverstanden verminderen en een gedeelde visie creëren voor de financiële toekomst van het koppel.

Bovendien moeten koppels hun individuele financiële gewoontes overwegen en hoe ze samen kunnen werken om een gezondere dynamiek te creëren. Dit kan het onderzoeken van uitgaventriggers, financiële doelen en houdingen ten opzichte van geld inhouden. Partners moeten openstaan voor het bespreken van hun financiële geschiedenis, inclusief eventuele schulden of financiële uitdagingen waarmee ze te maken kunnen krijgen. Elkaars achtergrond begrijpen kan empathie bevorderen en een meer ondersteunende omgeving creëren waarin beide partners zich op hun gemak voelen om financiële zorgen aan te pakken.

Daarnaast kan het zoeken naar professionele begeleiding nuttig zijn voor stellen die worstelen met financiële miscommunicatie. Financiële adviseurs of therapeuten die gespecialiseerd zijn in financiële kwesties kunnen waardevolle inzichten en hulpmiddelen bieden voor het navigeren door complexe financiële gesprekken. Een neutrale derde partij kan discussies faciliteren en stellen helpen onderliggende problemen te identificeren die bijdragen aan miscommunicatie. Deze externe ondersteuning kan partners helpen een duidelijker begrip te krijgen van hun financiële situatie en hen begeleiden naar gezondere besluitvormingspraktijken.

Uiteindelijk is het bevorderen van financiële geletterdheid de sleutel tot het vermijden van miscommunicatie. Beide partners moeten het initiatief nemen om zichzelf te onderwijzen over persoonlijke financiën, budgettering en beleggen. Deze kennis stelt individuen in staat om geïnformeerde discussies over geld aan te gaan en draagt bij aan een gezondere financiële dynamiek binnen de relatie. Of het nu via boeken, workshops of online bronnen is, tijd investeren in financiële educatie kan aanzienlijke voordelen opleveren voor beide partners en de relatie als geheel.

Concluderend kan financiële miscommunicatie een grote uitdaging vormen voor nieuwe stellen, wat leidt tot stress, conflicten en financiële instabiliteit op de lange termijn. Door prioriteit te geven aan open communicatie, regelmatige financiële check-ins in te stellen, een gezamenlijk budget te creëren en financiële geletterdheid te bevorderen, kunnen stellen de risico's die gepaard gaan met financiële misverstanden beperken. Het opbouwen van een gezonde financiële dynamiek vereist inspanning en toewijding van beide partners, maar de beloningen zijn het meer dan waard. Uiteindelijk kan het navigeren door financiële gesprekken met empathie en begrip het partnerschap

versterken, wat een solide basis creëert voor een vervullende en
succesvolle relatie.

Elkaar als vanzelfsprekend beschouwen

In de vroege opwinding van een nieuwe relatie uiten partners vaak waardering, genegenheid en bewondering voor elkaar. Naarmate de tijd verstrijkt en vertrouwdheid ontstaat, is het echter gemakkelijk voor koppels om in een routine te vervallen waarin ze elkaar als vanzelfsprekend gaan beschouwen. Dit fenomeen kan schadelijke effecten hebben op de emotionele verbinding en de algehele gezondheid van de relatie. Het herkennen van de tekenen van zelfgenoegzaamheid, het begrijpen van de implicaties en het actief werken aan het cultiveren van waardering zijn essentieel voor het behouden van een liefdevolle en vervullende relatie.

Elkaar als vanzelfsprekend beschouwen komt vaak voort uit het comfort dat ontstaat in een langdurige relatie. In de beginfase van een partnerschap doen partners er alles aan om elkaar te imponeren, door hun genegenheid te tonen door middel van attente gebaren, complimenten en verrassingen. Naarmate de relatie rijper wordt, kan de nieuwigheid er echter afgaan, waardoor partners minder doelbewust hun liefde en waardering uiten. Deze verschuiving kan ertoe leiden dat een of beide partners zich niet gewaardeerd of verwaarloosd voelen.

Een belangrijke factor die bijdraagt aan deze zelfgenoegzaamheid is de drukke aard van het leven. Werkverplichtingen, huishoudelijke verantwoordelijkheden en persoonlijke verplichtingen kunnen een gevoel van urgentie creëren waardoor koppels weinig tijd overhouden om zich op hun relatie te concentreren. Wanneer partners worden opgeslokt door hun dagelijkse routines, kunnen ze onbedoeld het belang van het erkennen en waarderen van elkaars bijdragen over het hoofd zien. Deze verwaarlozing kan een gevoel van emotionele afstand creëren, waarbij partners zich losgekoppeld en ondergewaardeerd voelen.

Bovendien kan het ontbreken van intentionele communicatie de neiging om elkaar als vanzelfsprekend te beschouwen, verergeren.

Koppels gaan er vaak van uit dat hun partner weet hoe ze zich voelen, waardoor ze nalaten hun waardering verbaal of via acties te uiten. Individuen kunnen echter geen gedachten lezen en het niet communiceren van liefde en dankbaarheid kan leiden tot misverstanden en wrok. Als een van de partners zich niet gewaardeerd voelt, maar zijn gevoelens niet uit, kan de ander zich niet bewust zijn van de emotionele kloof die is ontstaan.

De gevolgen van elkaar als vanzelfsprekend beschouwen, kunnen aanzienlijk zijn. Een belangrijk probleem is de erosie van emotionele intimiteit. Wanneer partners geen waardering uiten, kan dit gevoelens van verwaarlozing en wrok creëren, wat uiteindelijk leidt tot emotionele terugtrekking. Deze afstand kan het voor koppels steeds moeilijker maken om op een dieper niveau verbinding te maken, wat resulteert in een relatie die stagneert of onbevredigend aanvoelt. Na verloop van tijd kan het gebrek aan emotionele intimiteit leiden tot ernstige relatieproblemen, waaronder conflicten en ontevredenheid.

Bovendien kan elkaar als vanzelfsprekend beschouwen leiden tot een breuk in vertrouwen en communicatie. Wanneer een van de partners zich consequent ondergewaardeerd voelt, kan hij of zij zich emotioneel terugtrekken of bevestiging buiten de relatie zoeken. Dit gedrag kan een cyclus van onzekerheid creëren, waarbij beide partners zich losgekoppeld en onbegrepen voelen. Het niet aanpakken van gevoelens van verwaarlozing kan uiteindelijk de basis van vertrouwen ondermijnen die essentieel is voor een gezonde relatie.

Om de neiging om elkaar als vanzelfsprekend te beschouwen te bestrijden, moeten koppels prioriteit geven aan opzettelijke uitingen van waardering en genegenheid. Dit kan bestaan uit simpele gebaren, zoals "dankjewel" zeggen voor dagelijkse taken, elkaar complimenteren of elkaars inspanningen erkennen. Verbale bevestigingen kunnen een lange weg gaan in het versterken van de emotionele band en partners eraan herinneren wat hun waarde is binnen de relatie. De tijd nemen om elkaars bijdragen te erkennen en te vieren, kan helpen een gevoel van dankbaarheid en verbondenheid te cultiveren.

Een andere effectieve strategie is om regelmatige check-ins in te stellen om gevoelens en ervaringen te bespreken. Door tijd vrij te maken om na te denken over de relatie, kunnen partners openlijk hun gedachten en emoties delen, wat leidt tot een dieper begrip en empathie. Tijdens deze check-ins kunnen koppels bespreken wat ze aan elkaar waarderen, eventuele gevoelens van verwaarlozing aanpakken en intenties vaststellen om hun verbinding in de toekomst te koesteren. Deze praktijk moedigt open communicatie aan en benadrukt het belang van het waarderen van elkaar.

Bovendien moeten koppels prioriteit geven aan quality time samen om hun emotionele connectie te versterken. In de drukte van het dagelijks leven is het cruciaal om momenten te creëren voor intentionele binding. Dit kan inhouden dat je date nights plant, bezig bent met gedeelde hobby's of gewoon ononderbroken tijd samen doorbrengt. Door tijd aan elkaar te besteden, kunnen koppels hun connectie nieuw leven inblazen en zichzelf herinneren aan de vreugde en opwinding die hen in eerste instantie bij elkaar bracht.

Bovendien kan dankbaarheid beoefenen als koppel helpen om zelfgenoegzaamheid te bestrijden. Partners kunnen een ritueel opzetten om regelmatig te delen waar ze dankbaar voor zijn in elkaar. Deze praktijk bevordert niet alleen de waardering, maar creëert ook een positieve sfeer binnen de relatie. Door zich te richten op de sterke punten en kwaliteiten die ze in elkaar bewonderen, kunnen koppels de neiging tegengaan om elkaar als vanzelfsprekend te beschouwen.

Bovendien kan het verrichten van dienstbetoon de waardering versterken en de emotionele band versterken. Partners moeten ernaar streven om liefde te tonen door middel van daden, of het nu gaat om helpen met klusjes, het koken van een favoriete maaltijd of het ondersteunen van elkaars interesses. Deze dienstbetoon toont bedachtzaamheid en zorgzaamheid, en herinnert partners aan hun toewijding aan elkaar. Wanneer individuen zich gewaardeerd voelen door zowel woorden als daden, voedt dit een dieper gevoel van verbondenheid en erbij horen.

Een ander belangrijk aspect van het aanpakken van zelfgenoegzaamheid is het herkennen en uitdagen van aannames. Partners moeten vermijden aannames te doen over elkaars gevoelens of ervaringen, omdat dit kan leiden tot misverstanden. In plaats daarvan moeten koppels open gesprekken voeren over hun behoeften en verlangens, om zo een dieper begrip van elkaar te kweken. Door actief te proberen elkaars perspectieven te begrijpen, kunnen partners empathie kweken en hun emotionele verbinding versterken.

Ten slotte kan het bewust zijn van veranderingen binnen de relatie partners helpen om afgestemd te blijven op elkaars gevoelens. Levensomstandigheden, persoonlijke uitdagingen en externe stressoren kunnen emotionele beschikbaarheid en verbinding beïnvloeden. Koppels moeten waakzaam blijven en alle veranderingen aanpakken die kunnen leiden tot gevoelens van verwaarlozing of ontkoppeling. Regelmatig bij elkaar checken hoe levensgebeurtenissen de relatie kunnen beïnvloeden, kan partners helpen een sterke emotionele band te behouden.

Concluderend kan het voor nieuwe koppels een grote uitdaging vormen om elkaar als vanzelfsprekend te beschouwen, wat kan leiden tot emotionele afstand, ontevredenheid en conflicten. Door prioriteit te geven aan opzettelijke uitingen van waardering, regelmatige check-ins in te stellen en quality time aan elkaar te besteden, kunnen koppels zelfgenoegzaamheid bestrijden en hun emotionele verbinding koesteren. Dankbaarheid beoefenen, dienstbetoon verrichten en aannames uitdagen, versterken het belang van het waarderen van elkaar. Uiteindelijk stelt het koesteren van een relatie die is gebaseerd op waardering en intentionaliteit koppels in staat om een vervullende en liefdevolle relatie te onderhouden die de tand des tijds doorstaat.

Het niet plannen voor de toekomst

Terwijl nieuwe stellen door de opwindende maar uitdagende beginfases van hun relatie navigeren, is het gemakkelijk om opgeslokt te raken in het heden. Terwijl ze genieten van elkaars gezelschap, kunnen partners het belang van plannen voor de toekomst over het hoofd zien. Het niet bespreken en vaststellen van gedeelde doelen kan leiden tot misverstanden, onvervulde verwachtingen en uiteindelijk ontevredenheid in de relatie. Plannen voor de toekomst is niet alleen essentieel voor individuele aspiraties, maar ook van vitaal belang voor de groei en levensduur van het partnerschap. Het begrijpen van het belang van toekomstige planning en het implementeren van proactieve strategieën kan stellen helpen een solide basis te bouwen voor hun leven samen.

Een van de belangrijkste redenen waarom koppels er niet in slagen om voor de toekomst te plannen, is de inherente focus op het heden. In de beginfase van een relatie geven partners vaak prioriteit aan de spanning van elkaar leren kennen, genieten van gedeelde ervaringen en het opbouwen van emotionele intimiteit. Hoewel deze focus op het heden essentieel is voor de ontwikkeling van de relatie, kan het onbedoeld leiden tot het verwaarlozen van toekomstige aspiraties en verantwoordelijkheden. Naarmate de relatie vordert, kunnen partners geconfronteerd worden met belangrijke beslissingen, zoals waar ze gaan wonen, carrièrepaden, financiële planning en gezinsplanning, zonder een duidelijk begrip van elkaars doelen en waarden.

Bovendien kan de angst om over de toekomst te praten bijdragen aan dit toezicht. Gesprekken over langetermijnplannen kunnen gevoelens van kwetsbaarheid en onzekerheid oproepen. Veel mensen maken zich zorgen dat het aankaarten van toekomstgerichte gesprekken druk of verwachtingen kan signaleren waaraan ze nog niet klaar zijn. Deze angst kan leiden tot vermijding, waarbij partners kritische gesprekken uit de weg gaan, uit angst dat ze de harmonie van hun relatie verstoren. Het vermijden van deze gesprekken kan echter leiden tot misverstanden en wrok, wat uiteindelijk het partnerschap ondermijnt.

Bovendien kunnen verschillende perspectieven op de toekomst frictie tussen partners creëren. Elk individu kan zijn eigen visie hebben op hoe de toekomst eruit zou moeten zien, beïnvloed door zijn opvoeding, persoonlijke ervaringen en culturele achtergrond. Zo kan de ene partner prioriteit geven aan carrièreontwikkeling en financiële stabiliteit, terwijl de ander een flexibelere levensstijl voor ogen heeft, gericht op reizen en ervaringen. Zonder open dialoog over deze verschillende aspiraties, lopen koppels het risico uit elkaar te drijven omdat hun individuele doelen met elkaar in conflict komen.

De gevolgen van het niet plannen voor de toekomst kunnen ingrijpend zijn. Een belangrijk probleem is de kans op onvervulde verwachtingen. Wanneer partners hun doelen en verlangens niet communiceren, kan dit leiden tot aannames die niet overeenkomen met de realiteit. Als de ene partner bijvoorbeeld een leven voor ogen heeft met kinderen, terwijl de ander dat niet heeft, kan deze ontkoppeling aanzienlijke spanning en teleurstelling veroorzaken. Naarmate de relatie vordert, kunnen deze onuitgesproken verwachtingen zich manifesteren in diepere problemen, wat mogelijk leidt tot een breuk in communicatie en vertrouwen.

Een ander kritisch gevolg is de erosie van teamwerk en partnerschap. Relaties floreren op samenwerking en wanneer koppels er niet in slagen om samen voor de toekomst te plannen, kunnen ze moeite hebben om effectief met uitdagingen om te gaan. Een gebrek aan gedeelde doelen kan een gevoel van isolatie creëren, waarbij partners het gevoel hebben dat ze individuele agenda's nastreven in plaats van te werken aan een gemeenschappelijke visie. Deze dynamiek kan leiden tot gevoelens van ontkoppeling en frustratie, omdat partners zich steeds meer kunnen richten op hun eigen prioriteiten in plaats van elkaars aspiraties te ondersteunen.

Om het probleem van het niet plannen voor de toekomst aan te pakken, moeten koppels prioriteit geven aan open en eerlijke gesprekken over hun doelen op de lange termijn. Het creëren van een veilige ruimte voor dialoog is essentieel, waar beide partners hun hoop, angsten en verlangens kunnen uiten zonder oordeel. Deze proactieve aanpak bevordert begrip en moedigt partners aan om hun visies voor de toekomst te delen, wat de basis legt voor een meer samenwerkende relatie.

Het stellen van specifieke doelen kan koppels ook helpen een routekaart te maken voor hun gezamenlijke toekomst. Partners moeten de tijd nemen om hun individuele aspiraties te bespreken en gedeelde doelen te identificeren. Dit proces kan het bespreken van carrièrepaden, financiële doelstellingen, gezinsplanning, reisambities en levensstijlvoorkeuren omvatten. Door hun doelen te formuleren, kunnen koppels een duidelijker beeld schetsen van wat ze samen willen bereiken en beginnen met het ontwikkelen van uitvoerbare plannen.

Regelmatige check-ins kunnen de toekomstplanning verder ondersteunen. Koppels moeten een routine ontwikkelen om hun doelen en voortgang te bespreken, zodat ze op één lijn blijven en hun plannen indien nodig kunnen aanpassen. Deze praktijk versterkt het idee dat toekomstplanning een doorlopend proces is en het moedigt partners aan om betrokken en toegewijd te blijven aan hun gedeelde visie. Door toekomstige discussies een vast onderdeel van hun relatie te maken, kunnen koppels een gevoel van teamwerk en samenwerking cultiveren.

Bovendien is het aanpakken van potentiële uitdagingen en obstakels cruciaal voor effectieve toekomstige planning. Partners moeten potentiële obstakels bespreken die ze op hun reis kunnen tegenkomen en brainstormen over strategieën om deze te overwinnen. Deze proactieve aanpak stelt koppels in staat zich voor te bereiden op het onverwachte en versterkt hun toewijding om elkaar te steunen in moeilijke tijden. Of het nu gaat om financiële hindernissen, carrièreswitches of persoonlijke uitdagingen, het samen aanpakken van deze zorgen bevordert veerkracht en versterkt het partnerschap.

Bovendien kan het maken van een gedeeld vision board of geschreven plan een tastbare weergave van de doelen van het koppel bieden. Het visualiseren van hun aspiraties kan dienen als een constante herinnering aan waar ze naartoe werken en kan helpen om gemotiveerd te blijven. Koppels kunnen afbeeldingen, citaten en specifieke doelen opnemen die resoneren met beide partners, wat hun toewijding aan het bouwen van een toekomst samen versterkt.

Financiële planning is een ander essentieel aspect van toekomstgerichte discussies. Koppels moeten hun financiële doelen, budgetteringsstrategieën en spaarplannen bespreken. Dit gesprek kan onderwerpen omvatten zoals het kopen van een huis, sparen voor pensioen of het plannen van de opleiding van kinderen. Door een gedeeld begrip van financiële prioriteiten te creëren, kunnen koppels weloverwogen beslissingen nemen en samenwerken aan hun doelen.

Bovendien moeten koppels flexibel blijven en openstaan voor verandering. Naarmate individuen groeien en evolueren, kunnen hun doelen en aspiraties veranderen. Partners moeten toekomstige planning benaderen met de bereidheid om hun doelen regelmatig aan te passen en opnieuw te beoordelen. Deze flexibiliteit bevordert veerkracht en moedigt partners aan om groei en verandering te omarmen, wat het idee versterkt dat hun reis samen een dynamisch proces is.

Ten slotte kan het zoeken naar begeleiding van professionals, zoals financieel adviseurs of relatiecoaches, waardevolle inzichten en tools bieden voor effectieve toekomstplanning. Deze experts kunnen strategieën bieden voor het navigeren door complexe gesprekken en stellen helpen uitvoerbare plannen te ontwikkelen om hun doelen te bereiken. Het zoeken van externe ondersteuning kan het idee versterken dat toekomstplanning een gedeelde verantwoordelijkheid is en kan stellen helpen verantwoording af te leggen aan elkaar.

Concluderend kan het niet plannen voor de toekomst aanzienlijke uitdagingen opleveren voor nieuwe stellen, wat kan leiden tot onvervulde verwachtingen, ontkoppeling en conflicten. Door prioriteit te geven aan open communicatie, gedeelde doelen te stellen en regelmatig in te checken, kunnen stellen met vertrouwen en duidelijkheid door toekomstgerichte discussies navigeren. Het aanpakken van potentiële uitdagingen, het maken van visuele representaties van hun aspiraties en het behouden van flexibiliteit versterken hun partnerschap verder. Uiteindelijk stelt het bevorderen van een collaboratieve benadering van toekomstplanning stellen in staat om een vervullende en duurzame relatie op te bouwen, wat de weg vrijmaakt voor een gedeelde reis vol liefde, groei en wederzijdse steun.

Het niet oplossen van relaties uit het verleden

Het aangaan van een nieuwe relatie brengt vaak opwinding en hoop met zich mee, maar het kan ook onopgeloste gevoelens uit eerdere relaties oproepen. Het meedragen van emotionele bagage van eerdere ervaringen kan een nieuwe relatie aanzienlijk beïnvloeden en het vermogen belemmeren om volledig te investeren in en te genieten van het heden. Wanneer individuen er niet in slagen om de restanten van eerdere relaties aan te pakken en op te lossen, kan dit leiden tot een reeks problemen, waaronder vertrouwensproblemen, communicatieproblemen en emotionele afstand. Het erkennen van het belang van het oplossen van deze eerdere ervaringen is essentieel voor het bevorderen van een gezonde en bloeiende relatie.

Een van de belangrijkste redenen waarom mensen moeite hebben om relaties uit het verleden op te lossen, is het emotionele residu dat achterblijft. Eerdere relaties kunnen gepaard zijn gegaan met liefdesverdriet, verraad of onvervulde verwachtingen, wat littekens achterlaat die iemands emotionele staat in latere relaties beïnvloeden. Wanneer trauma's uit het verleden niet worden verwerkt, kunnen ze zich manifesteren als angst, onzekerheid of vrees, wat van invloed is op de manier waarop mensen omgaan met hun nieuwe partners. Bijvoorbeeld, iemand die ontrouw heeft ervaren in een eerdere relatie, kan worstelen met vertrouwensproblemen en zijn angsten projecteren op zijn huidige partner, ondanks dat hij geen reden heeft om te twijfelen aan zijn loyaliteit.

Bovendien kan het ontbreken van afsluiting gevoelens van verwarring en onzekerheid verergeren. Als een eerdere relatie eindigde zonder een duidelijke oplossing - zoals een ruzie, gebrek aan communicatie of aanhoudende gevoelens - kunnen individuen worstelen met onopgeloste emoties. Deze dubbelzinnigheid kan een gevoel van emotionele rommel creëren dat individuen ervan weerhoudt zich volledig te committeren aan hun nieuwe relatie. Ze kunnen zichzelf bezighouden met gedachten aan het verleden, waardoor het moeilijk wordt om zich te concentreren op het opbouwen van een toekomst met hun huidige partner.

Een andere bijdragende factor is de neiging om confrontaties te vermijden. Het bespreken van eerdere relaties kan ongemak en kwetsbaarheid oproepen, waardoor individuen zich terugtrekken uit deze gesprekken. Partners kunnen bang zijn dat het aanhalen van eerdere ervaringen spanning of onzekerheid in de relatie zal creëren. Vermijding kan echter leiden tot misverstanden en emotionele afstand, waardoor het steeds moeilijker wordt om een sterke band op te bouwen. Wanneer partners er niet in slagen om openlijk over hun verleden te communiceren, kan dit een sfeer van geheimhouding en wantrouwen creëren, wat uiteindelijk de basis van hun nieuwe relatie ondermijnt.

De gevolgen van het niet oplossen van relaties uit het verleden kunnen verstrekkend zijn. Een belangrijk probleem is de mogelijkheid van emotionele afstand en ontkoppeling. Wanneer individuen onopgeloste gevoelens met zich meedragen, kunnen ze zich onbedoeld terugtrekken van hun nieuwe partner, uit angst voor kwetsbaarheid of afwijzing. Deze terugtrekking kan leiden tot een gebrek aan emotionele intimiteit, waardoor het voor partners moeilijk wordt om op een dieper niveau verbinding te maken. Naarmate de emotionele afstand toeneemt, kunnen koppels moeite hebben om samen uitdagingen aan te gaan, wat leidt tot verdere isolatie en frustratie.

Bovendien kunnen onopgeloste relaties uit het verleden ongezonde patronen in de nieuwe relatie creëren. Mensen kunnen onbewust gedragingen of dynamieken uit eerdere relaties kopiëren, of dat nu door vermijding, jaloezie of communicatieproblemen is. Bijvoorbeeld, iemand die in een eerdere relatie vaak ruzie heeft gehad, kan merken dat hij overdreven reageert op kleine conflicten in zijn nieuwe relatie. Deze neiging om eerdere ervaringen te projecteren op de huidige relatie kan leiden tot misverstanden en conflicten die niet echt een afspiegeling zijn van de huidige situatie.

Om het probleem van onopgeloste relaties uit het verleden aan te pakken, moeten individuen eerst zelfreflectie toepassen. De tijd nemen om iemands gevoelens over eerdere relaties te onderzoeken, kan waardevolle inzichten bieden in hoe die ervaringen het huidige gedrag en emoties beïnvloeden. Een dagboek bijhouden, therapie of eerlijke gesprekken met vertrouwde vrienden kunnen individuen helpen hun gevoelens te verwerken en duidelijkheid te krijgen over wat ze willen in hun nieuwe relatie. Het begrijpen van iemands emotionele landschap is essentieel om los te komen van de patronen uit het verleden.

Open communicatie met de huidige partner is ook cruciaal. Partners moeten een veilige ruimte creëren om hun eerdere ervaringen te bespreken, en erkennen hoe die ervaringen hun perspectieven en emotionele reacties hebben gevormd. Het delen van gedachten en gevoelens over eerdere relaties bevordert transparantie en kan partners helpen elkaar op een dieper niveau te begrijpen. Deze open dialoog kan ook geruststelling bieden, waardoor individuen hun angsten en zorgen kunnen uiten zonder angst voor een oordeel.

Grenzen stellen rondom discussies over het verleden is essentieel. Hoewel het belangrijk is om onopgeloste gevoelens aan te pakken, moeten partners zich ervan bewust zijn hoe vaak ze stilstaan bij eerdere relaties. Het voortdurend herbeleven van eerdere ervaringen kan een gevoel van onevenwicht creëren, waarbij een van de partners zich overschaduwd voelt door de herinneringen aan het verleden. Het vinden van een balans tussen het erkennen van het verleden en het focussen op het heden is cruciaal voor het bevorderen van een gezonde dynamiek.

Bovendien moeten koppels prioriteit geven aan het opbouwen van een sterke emotionele band gebaseerd op wederzijds vertrouwen en steun. Door tijd en moeite te investeren in de huidige relatie kunnen partners nieuwe, positieve ervaringen creëren die de pijn uit het verleden overschaduwen. Door deel te nemen aan gedeelde activiteiten, nieuwe interesses te verkennen en intimiteit te koesteren, kan een gevoel van partnerschap worden bevorderd dat de toewijding aan elkaar versterkt. Hoe meer koppels investeren in het opbouwen van hun relatie, hoe minder invloed eerdere ervaringen op hun heden zullen hebben.

Professionele begeleiding zoeken kan ook nuttig zijn voor personen die worstelen met onopgeloste relaties uit het verleden. Therapie, individueel of als koppel, kan een veilige en ondersteunende omgeving bieden om emotionele bagage aan te pakken. Een therapeut kan personen helpen hun gevoelens te verwerken, copingstrategieën te ontwikkelen en gezondere communicatiepatronen te ontwikkelen. Therapie kan genezing bevorderen, waardoor partners verder kunnen met een vernieuwd gevoel van helderheid en doelgerichtheid.

Daarnaast is het beoefenen van zelfcompassie cruciaal voor individuen die door de complexiteit van eerdere relaties navigeren. Erkennen dat iedereen emotionele littekens met zich meedraagt en dat genezing een proces is, kan individuen helpen hun reis met vriendelijkheid en geduld te benaderen. Kwetsbaarheid omarmen en erkennen dat het oké is om steun te zoeken, kan persoonlijke groei en veerkracht bevorderen. Door zichzelf de ruimte te geven om te genezen, kunnen individuen sterker en beter toegerust tevoorschijn komen om deel te nemen aan een gezonde en vervullende relatie.

Tot slot kan het cultiveren van dankbaarheid voor de huidige relatie helpen om de focus van het verleden af te wenden. Partners moeten bewust de positieve aspecten van hun huidige partnerschap erkennen en vieren. Dankbaarheid beoefenen kan de emotionele verbinding versterken en het idee versterken dat de huidige relatie een unieke waarde en potentieel heeft. Door zich te concentreren op het heden en elkaars kwaliteiten en bijdragen te waarderen, kunnen koppels een liefdevolle omgeving creëren die groei en genezing koestert.

Concluderend kan het niet oplossen van relaties uit het verleden aanzienlijke uitdagingen opleveren voor nieuwe stellen, wat leidt tot emotionele afstand, ongezonde patronen en conflicten. Door zelfreflectie, het bevorderen van open communicatie, het stellen van grenzen en het prioriteren van emotionele verbinding, kunnen individuen effectief navigeren door de complexiteit van hun verleden. Professionele ondersteuning zoeken en zelfcompassie beoefenen, verbetert het genezingsproces verder. Uiteindelijk stelt het aanpakken van onopgeloste gevoelens stellen in staat om een sterke basis voor hun partnerschap te bouwen, waardoor ze het heden kunnen omarmen en samen een vervullende toekomst kunnen cultiveren.

Proberen elkaar te veranderen

In de reis van een romantische relatie komen partners vaak samen met unieke persoonlijkheden, waarden en gewoontes. Hoewel verschillen een partnerschap kunnen verrijken, kunnen ze ook leiden tot misverstanden en conflicten als ze niet met zorg worden benaderd. Een veelvoorkomende valkuil die nieuwe stellen kunnen tegenkomen, is de neiging om elkaar te proberen te veranderen. Deze neiging, vaak geworteld in liefde en een verlangen naar het beste voor elkaar, kan onbedoeld gevoelens van wrok en frustratie creëren. Begrijpen waarom deze neiging ontstaat, de mogelijke gevolgen ervan herkennen en acceptatie bevorderen, zijn essentieel voor het opbouwen van een sterke en harmonieuze relatie.

De wens om een partner te veranderen komt vaak voort uit oprechte bezorgdheid en de intentie om hun leven te verbeteren. Bijvoorbeeld, een partner wil gezondere gewoontes aanmoedigen bij de ander, door middel van lichaamsbeweging, dieet of persoonlijke groei. Hoewel deze intenties geworteld kunnen zijn in liefde, kan de aanpak contraproductief zijn. In plaats van positieve verandering te bevorderen, kan het proberen om iemands voorkeuren op te leggen gevoelens van ontoereikendheid en defensiviteit creëren. Wanneer individuen zich onder druk gezet voelen om te voldoen aan de verwachtingen van iemand anders, kunnen ze zich verzetten tegen verandering, wat leidt tot conflicten en emotionele spanning.

Bovendien kan het proberen om een partner te veranderen onderliggende onzekerheden weerspiegelen. Mensen kunnen hun angsten en verlangens op hun partner projecteren, in de overtuiging dat het veranderen van bepaald gedrag of eigenschappen zal leiden tot een gelukkigere en meer vervullende relatie. Als een van de partners bijvoorbeeld bezorgd is over financiële stabiliteit, kan hij of zij de ander pushen om een zuinigere levensstijl aan te nemen, zelfs als dat niet overeenkomt met de waarden van de ander. Deze dynamiek kan een onevenwicht creëren, waarbij een van de partners zich gedwongen voelt om zijn of haar voorkeuren op te geven ten behoeve van de relatie, wat na verloop van tijd tot wrok leidt.

De gevolgen van het proberen elkaar te veranderen kunnen schadelijk zijn voor de emotionele gezondheid van de relatie. Een belangrijk probleem is de mogelijke erosie van het zelfrespect. Wanneer individuen het gevoel hebben dat hun partner hen constant probeert te veranderen, kunnen ze de overtuiging internaliseren dat ze niet goed genoeg zijn zoals ze zijn. Dit gevoel van ontoereikendheid kan leiden tot emotionele terugtrekking, waardoor het voor partners moeilijk wordt om op een dieper niveau verbinding te maken. Naarmate het zelfrespect afneemt, kunnen individuen steeds terughoudender worden, uit angst dat hun ware zelf niet geaccepteerd zal worden.

Bovendien kan het proberen elkaar te veranderen een gevoel van controle in plaats van partnerschap bevorderen. Relaties gedijen op wederzijds respect en samenwerking, maar wanneer een van de partners een controlerende rol op zich neemt, ondermijnt dit de basis van gelijkheid. Partners kunnen elkaar gaan zien als projecten in plaats van individuen met hun eigen agency. Deze verschuiving in perspectief kan leiden tot een giftige dynamiek, waarbij een partner zich verstikt voelt door de pogingen van de ander om hun keuzes te dicteren. Uiteindelijk kan dit wrok kweken en een vijandige omgeving creëren, waardoor de liefde en genegenheid die het stel in de eerste plaats bij elkaar brachten, wordt ondermijnd.

Om het probleem van het proberen elkaar te veranderen aan te pakken, moeten koppels prioriteit geven aan acceptatie en waardering van de individualiteit van hun partner. Erkennen dat elke persoon unieke sterktes, zwaktes en perspectieven in de relatie brengt, is essentieel voor het bevorderen van een gezonde dynamiek. Partners moeten het idee omarmen dat hun verschillen elkaar kunnen aanvullen, in plaats van ze te zien als obstakels die overwonnen moeten worden. Door elkaars individualiteit te vieren, kunnen koppels een omgeving van steun en begrip creëren die groei en verbinding voedt.

Open communicatie is cruciaal om de wens voor verandering binnen de relatie te navigeren. In plaats van discussies over gewenste veranderingen te benaderen als eisen of kritiek, zouden partners deze gesprekken moeten framen als kansen voor wederzijdse groei. Als een van de partners bijvoorbeeld een gezondere levensstijl wil aannemen, kunnen ze hun wens uiten en hun partner uitnodigen om met hen mee te gaan op die reis, in plaats van hun verwachtingen op te leggen. Deze collaboratieve aanpak moedigt beide partners aan om samen nieuwe gewoontes te verkennen, wat een gevoel van teamwerk en gedeelde doelen bevordert.

Bovendien moeten partners bereid zijn om na te denken over hun motivaties om verandering te willen. Door zelfreflectie kunnen individuen onderzoeken of hun verlangen om hun partner te veranderen voortkomt uit oprechte bezorgdheid of uit hun onzekerheden en voorkeuren. Inzicht in de onderliggende redenen om verandering te willen, kan waardevolle inzichten bieden en een meelevend perspectief bevorderen. Wanneer individuen hun eigen motivaties herkennen, kunnen ze de relatie met meer empathie en begrip benaderen.

Het stellen van gezonde grenzen is een ander belangrijk aspect van het navigeren door dit probleem. Partners moeten hun grenzen bespreken met betrekking tot persoonlijke groei en veranderingen waar ze zich prettig bij voelen. Het stellen van grenzen stelt individuen in staat om hun voorkeuren te uiten terwijl ze elkaars autonomie respecteren. Bijvoorbeeld, als een partner openstaat voor het proberen van nieuwe activiteiten, maar niet bereid is om fundamentele aspecten van zijn persoonlijkheid te veranderen, is het essentieel dat de andere partner die grens respecteert. Deze aanpak bevordert respect en versterkt het idee dat elke partner verantwoordelijk is voor zijn eigen keuzes.

Bovendien zouden koppels zich moeten richten op persoonlijke groei in plaats van te proberen elkaar te veranderen. Elkaar aanmoedigen om individuele passies en interesses na te streven kan leiden tot persoonlijke ontwikkeling en tegelijkertijd de relatie versterken. Wanneer partners elkaars groeitrajecten ondersteunen, bevordert dit een gevoel van empowerment en autonomie. Deze verschuiving van proberen elkaar te veranderen naar het aanmoedigen van persoonlijke groei kan leiden tot een meer vervullend partnerschap, waarbij beide individuen zich gewaardeerd en gesteund voelen.

Empathie oefenen is ook essentieel om elkaars perspectieven te begrijpen. Wanneer partners zich gefrustreerd of overweldigd voelen door hun verschillen, kan het nemen van een moment om in elkaars schoenen te stappen duidelijkheid scheppen. Actief luisteren, waarbij de ene partner de gevoelens van de ander volledig hoort en valideert, kan emotionele intimiteit en begrip bevorderen. Door gesprekken met empathie te benaderen, kunnen koppels een diepere verbinding cultiveren en verschillen met mededogen benaderen.

Bovendien kan het vieren van vooruitgang, hoe klein ook, positieve veranderingen versterken zonder druk op te leggen. Wanneer een partner moeite doet om te groeien of te veranderen op een manier die aansluit bij de wensen van de ander, kan het erkennen en waarderen van die inspanningen een ondersteunende sfeer creëren. Bijvoorbeeld, als een partner gezondere maaltijden in zijn/haar routine is gaan opnemen, kan het erkennen van die inspanning hem/haar motiveren om positieve veranderingen te blijven maken. Het vieren van vooruitgang bevordert een gevoel van teamwerk en gedeeld succes, en versterkt het idee dat beide partners werken aan een gemeenschappelijk doel.

Tot slot is het cruciaal om te onthouden dat ware liefde acceptatie omvat. Partners moeten het idee omarmen dat ze niet verantwoordelijk zijn voor elkaars geluk of groei. Hoewel elkaar steunen essentieel is, is uiteindelijk ieder individu verantwoordelijk voor zijn eigen reis. Erkennen dat liefde betekent dat je elkaars gebreken en verschillen accepteert, kan een sterke basis vormen voor een duurzame relatie.

Concluderend kan het proberen om elkaar te veranderen aanzienlijke uitdagingen opleveren voor nieuwe koppels, wat leidt tot gevoelens van ontoereikendheid, wrok en controle. Door acceptatie te prioriteren, open communicatie te bevorderen, gezonde grenzen te stellen en te focussen op persoonlijke groei, kunnen koppels deze uitdagingen gemakkelijker aan. Empathie oefenen en vooruitgang vieren versterkt de emotionele band tussen partners verder. Uiteindelijk stelt het omarmen van elkaars individualiteit en het erkennen dat liefde betekent dat je elkaar accepteert zoals je bent, koppels in staat om een sterk, ondersteunend en duurzaam partnerschap op te bouwen.

Emotionele intimiteit verwaarlozen

Emotionele intimiteit is een essentieel onderdeel van elke gezonde romantische relatie. Het omvat het vermogen om op een diep emotioneel niveau verbinding te maken met een partner, vertrouwen, begrip en kwetsbaarheid te bevorderen. In de hectiek van het dagelijks leven verwaarlozen nieuwe stellen dit cruciale aspect van hun relatie echter vaak. Het niet prioriteren van emotionele intimiteit kan leiden tot gevoelens van ontkoppeling, misverstanden en uiteindelijk ontevredenheid. Het begrijpen van het belang van emotionele intimiteit, het herkennen van de tekenen van verwaarlozing ervan en het implementeren van strategieën om het te koesteren, kan stellen helpen een sterkere en meer vervullende band op te bouwen.

Emotionele intimiteit is gebaseerd op open en eerlijke communicatie. Het stelt partners in staat om hun gedachten, gevoelens, dromen en angsten te delen zonder oordeel of angst voor afwijzing. Wanneer koppels de tijd nemen om emotionele intimiteit te cultiveren, creëren ze een veilige ruimte waar kwetsbaarheid wordt verwelkomd en emotionele steun direct beschikbaar is. Deze verbinding bevordert een gevoel van verbondenheid en validatie, en versterkt het idee dat partners niet alleen zijn in hun ervaringen. Wanneer emotionele intimiteit echter wordt verwaarloosd, kunnen koppels moeite hebben om effectief te communiceren, wat leidt tot misverstanden en emotionele afstand.

Een van de belangrijkste redenen waarom koppels emotionele intimiteit verwaarlozen, zijn de eisen van het dagelijks leven. Drukke schema's, werkverplichtingen en sociale verplichtingen kunnen weinig ruimte laten voor een zinvolle verbinding. Wanneer koppels hun verantwoordelijkheden belangrijker vinden dan quality time samen, kunnen ze onbedoeld uit elkaar drijven. De opwinding van een nieuwe relatie kan snel plaatsmaken voor routine en monotonie, waardoor het gemakkelijk is om elkaars emotionele behoeften over het hoofd te zien. Naarmate de dagelijkse stress toeneemt, kunnen partners merken dat ze op de automatische piloot opereren en de emotionele check-ins verwaarlozen die essentieel zijn voor het behouden van een sterke band.

Bovendien kunnen individuen worstelen met kwetsbaarheid, waardoor het lastig is om emotioneel intieme gesprekken te voeren. Eerdere ervaringen, onzekerheden of angst voor afwijzing kunnen ertoe leiden dat individuen hun emoties bewaken, waardoor ze zich niet volledig kunnen openstellen voor hun partner. Wanneer een partner zich niet in staat voelt om zijn of haar gevoelens of zorgen te uiten, kan dit een onevenwicht in de relatie creëren, wat leidt tot misverstanden en gevoelens van isolatie. Na verloop van tijd kan dit gebrek aan emotionele uitwisseling bijdragen aan een groeiende kloof, waardoor partners zich alleen voelen ondanks dat ze samen zijn.

De gevolgen van het verwaarlozen van emotionele intimiteit kunnen ingrijpend zijn. Een belangrijk probleem is de erosie van vertrouwen. Emotionele intimiteit gedijt op eerlijkheid en transparantie. Wanneer koppels er niet in slagen om openlijk te communiceren over hun gevoelens en ervaringen, kan dit een omgeving van achterdocht en twijfel creëren. Als een van de partners zich bijvoorbeeld ongemakkelijk voelt bij het delen van zijn of haar kwetsbaarheden, kan de ander de toewijding of authenticiteit van zijn of haar partner in twijfel gaan trekken. Deze erosie van vertrouwen kan leiden tot defensief gedrag, verkeerde interpretaties en meer conflicten, waardoor de emotionele kloof tussen partners nog groter wordt.

Bovendien kan het verwaarlozen van emotionele intimiteit leiden tot een afname van de algehele tevredenheid van de relatie. Wanneer partners niet in staat zijn om op een diep emotioneel niveau verbinding te maken, kunnen ze zich onvervuld en afgesloten voelen. Deze ontevredenheid kan zich op verschillende manieren manifesteren, waaronder frustratie, wrok en zelfs ontrouw. Partners kunnen emotionele bevestiging buiten de relatie zoeken als ze het gevoel hebben dat hun emotionele behoeften niet worden vervuld, wat uiteindelijk de integriteit van het partnerschap in gevaar brengt.

Een ander gevolg van het verwaarlozen van emotionele intimiteit is de ontwikkeling van ongezonde copingmechanismen. Wanneer individuen zich emotioneel losgekoppeld voelen van hun partners, kunnen ze zich wenden tot vermijding of terugtrekking als een manier om met hun gevoelens om te gaan. Deze neiging kan leiden tot meer conflicten en misverstanden, omdat partners moeite hebben om hun behoeften en emoties effectief te communiceren. Na verloop van tijd kunnen deze ongezonde copingmechanismen een cyclus van ontkoppeling creëren, waarbij partners zich steeds afstandelijker en onbegrepen voelen.

Om het probleem van het verwaarlozen van emotionele intimiteit aan te pakken, moeten koppels prioriteit geven aan quality time samen. Door speciale tijd voor elkaar in te ruimen, kunnen partners zinvolle gesprekken voeren, ervaringen delen en op emotioneel niveau opnieuw contact maken. Deze intentionaliteit versterkt het idee dat emotionele intimiteit een prioriteit is in de relatie. Koppels kunnen regelmatige date nights, weekendjes weg of eenvoudige avondrituelen plannen die een echte verbinding zonder afleidingen mogelijk maken.

Open communicatie is essentieel voor het bevorderen van emotionele intimiteit. Partners moeten een veilige ruimte voor dialoog creëren, waar ze hun gevoelens en zorgen kunnen uiten zonder angst voor een oordeel. Actief luisteren, waarbij de ene partner het perspectief van de ander volledig hoort en valideert, kan emotionele intimiteit en begrip bevorderen. Door gesprekken met empathie en mededogen te benaderen, kunnen koppels hun emotionele verbinding verdiepen en samen uitdagingen aangaan.

Een ander belangrijk aspect van het koesteren van emotionele intimiteit is het beoefenen van kwetsbaarheid. Partners moeten worden aangemoedigd om hun gedachten, angsten en onzekerheden openlijk te delen. Deze praktijk stelt individuen in staat om hun authentieke zelf te uiten, wat een diepere verbinding bevordert. Het is essentieel dat partners begrijpen dat kwetsbaarheid geen teken van zwakte is, maar eerder een kracht die emotionele intimiteit versterkt. Wanneer een partner de dappere stap zet om kwetsbaar te zijn, moedigt dit de ander vaak aan om hetzelfde te doen, wat een wederkerige cyclus van openheid en vertrouwen creëert.

Bovendien kunnen koppels deelnemen aan gedeelde activiteiten die emotionele verbinding bevorderen. Deelnemen aan hobby's, nieuwe interesses verkennen of deelnemen aan zinvolle gesprekken kan partners helpen om op een dieper niveau een band te vormen. Deze gedeelde ervaringen creëren kansen voor verbinding, waardoor partners meer over elkaar kunnen leren en een gevoel van teamwerk kunnen cultiveren. Deelnemen aan activiteiten die vreugde en gelach opwekken, kan de emotionele band versterken, waardoor gekoesterde herinneringen worden gecreëerd die de relatie versterken.

Daarnaast moeten koppels dankbaarheid en waardering voor elkaar tonen. Elkaars inspanningen, kwaliteiten en bijdragen erkennen, bevordert een gevoel van validatie en versterkt emotionele intimiteit. Partners kunnen dankbaarheid uiten door middel van eenvoudige gebaren, verbale bevestigingen of vriendelijke daden. Door een omgeving van waardering te koesteren, creëren koppels een positieve emotionele atmosfeer die hun verbinding versterkt.

Professionele begeleiding zoeken kan ook nuttig zijn voor stellen die worstelen met emotionele intimiteit. Therapie biedt partners een veilige ruimte om hun gevoelens te onderzoeken, communicatievaardigheden te verbeteren en onderliggende problemen aan te pakken die de emotionele verbinding kunnen belemmeren. Een therapeut kan hulpmiddelen en strategieën bieden om emotionele intimiteit te bevorderen, waardoor stellen gemakkelijker met uitdagingen om kunnen gaan. Therapie kan genezing en groei bevorderen, waardoor partners hun band kunnen versterken.

Daarnaast is het beoefenen van zelfzorg essentieel voor het behouden van emotionele intimiteit. Individuen moeten prioriteit geven aan hun emotionele welzijn door deel te nemen aan activiteiten die vreugde, ontspanning en vervulling brengen. Wanneer partners voor hun emotionele behoeften zorgen, zijn ze beter toegerust om met hun partner om te gaan en een positieve bijdrage te leveren aan de relatie. Zelfzorg bevordert persoonlijke groei en veerkracht, wat uiteindelijk ten goede komt aan het partnerschap als geheel.

Ten slotte moeten koppels het idee omarmen dat emotionele intimiteit een doorlopend proces is. Relaties evolueren in de loop van de tijd en het is essentieel dat partners hun emotionele verbinding blijven koesteren. Regelmatige check-ins, waarbij partners hun emotionele behoeften beoordelen en hun gevoelens delen, kunnen het belang van emotionele intimiteit in de relatie benadrukken. Door emotionele intimiteit te benaderen als een voortdurende reis in plaats van een bestemming, kunnen koppels toegewijd blijven aan het bevorderen van een diepe en betekenisvolle verbinding.

Concluderend kan het verwaarlozen van emotionele intimiteit aanzienlijke uitdagingen opleveren voor nieuwe koppels, wat leidt tot gevoelens van ontkoppeling, wantrouwen en ontevredenheid. Door prioriteit te geven aan quality time, open communicatie te bevorderen en kwetsbaarheid te oefenen, kunnen koppels hun emotionele verbinding koesteren. Deelnemen aan gedeelde activiteiten, dankbaarheid uiten en professionele ondersteuning zoeken, verbetert de emotionele intimiteit verder. Uiteindelijk stelt het omarmen van de reis van emotionele intimiteit koppels in staat om een sterk en vervullend partnerschap op te bouwen, wat de weg vrijmaakt voor een diepe en blijvende band.

Geen prioriteit geven aan de relatie

In de beginfase van een romantische relatie kan de eerste opwinding en verliefdheid een sterk verlangen creëren om tijd en energie in de relatie te investeren. Naarmate het leven vordert en de verantwoordelijkheden toenemen, verschuiven veel koppels echter onbedoeld hun focus van elkaar. Het niet prioriteren van de relatie kan leiden tot gevoelens van verwaarlozing, ontkoppeling en ontevredenheid. Het begrijpen van het belang van het prioriteren van de relatie, het herkennen van de tekenen van verwaarlozing en het implementeren van strategieën om de band tussen partners te koesteren, zijn essentieel voor het opbouwen van een sterke en duurzame verbinding.

Prioriteit geven aan de relatie is cruciaal voor het behouden van emotionele intimiteit en verbinding. Wanneer koppels tijd en energie investeren in het koesteren van hun partnerschap, bevorderen ze een gevoel van verbondenheid, vertrouwen en begrip. Deze investering stelt partners in staat om samen uitdagingen aan te gaan, hun dromen en doelen te delen en een ondersteunende omgeving te creëren waarin beide individuen kunnen floreren. Wanneer het leven echter druk wordt - of dat nu door werk, familieverplichtingen of sociale verplichtingen komt - kunnen koppels onbedoeld hun relatie op de tweede plaats laten komen. Deze verschuiving kan een emotionele afstand creëren die moeilijk te overbruggen is.

Een van de belangrijkste redenen waarom koppels hun relatie niet prioriteren, zijn de eisen van het moderne leven. Met drukke schema's, werkverantwoordelijkheden en verschillende verplichtingen is het gemakkelijk voor partners om in een routine te vervallen waarin ze alles anders belangrijker vinden dan hun relatie. Hoewel het essentieel is om verplichtingen en verantwoordelijkheden na te komen, kan het consequent verwaarlozen van de relatie leiden tot gevoelens van wrok en ontkoppeling. Partners kunnen merken dat ze op de automatische piloot opereren, de bewegingen doorlopen zonder deel te nemen aan zinvolle interacties die hun band versterken.

Bovendien kunnen individuen zelfgenoegzaam worden in hun relaties, ervan uitgaande dat hun band sterk zal blijven zonder voortdurende inspanning. Deze overtuiging kan voortkomen uit de eerste opwinding van een nieuwe romance, waarbij alles moeiteloos aanvoelt. Na verloop van tijd kan zelfgenoegzaamheid echter leiden tot een afname van de emotionele verbinding. Koppels kunnen stoppen met het voeren van diepe gesprekken, het delen van hun gevoelens of het maken van tijd voor elkaar, in de overtuiging dat hun liefde zichzelf in stand houdt. Deze mentaliteit kan een vals gevoel van veiligheid creëren, waarbij partners het belang van voortdurende investering in hun relatie onderschatten.

De gevolgen van het niet prioriteren van de relatie kunnen diepgaand zijn. Een belangrijk probleem is de erosie van emotionele intimiteit. Wanneer partners verzuimen hun verbinding te koesteren, kunnen ze zich steeds verder van elkaar verwijderd voelen. Deze emotionele afstand kan leiden tot misverstanden, miscommunicaties en een gevoel van isolatie binnen het partnerschap. Naarmate de emotionele band verzwakt, kunnen individuen zich minder gemotiveerd voelen om te investeren in de relatie, waardoor een cyclus van ontkoppeling ontstaat die steeds moeilijker te doorbreken is.

Bovendien kan het verwaarlozen van de relatie leiden tot een afname van de algehele tevredenheid over de relatie. Partners kunnen gevoelens van frustratie en teleurstelling ervaren omdat hun emotionele behoeften niet worden vervuld. Deze ontevredenheid kan zich op verschillende manieren manifesteren, waaronder ruzies, wrok en terugtrekking. Wanneer individuen zich verwaarloosd of niet gewaardeerd voelen, kunnen ze buiten de relatie om bevestiging zoeken, wat leidt tot gevoelens van verraad en verdere afstand tot elkaar.

Een ander gevolg van het niet prioriteren van de relatie is de kans op onopgeloste conflicten. Wanneer koppels er niet in slagen om zinvolle gesprekken te voeren en hun problemen aan te pakken, kunnen problemen na verloop van tijd gaan etteren. Onopgeloste conflicten kunnen een omgeving van spanning en wrok creëren, waardoor het voor partners steeds moeilijker wordt om emotioneel contact te maken. Naarmate frustraties zich opstapelen, kunnen partners merken dat ze zich bezighouden met destructieve communicatiepatronen, wat leidt tot meer conflicten en misverstanden.

Om het probleem van het niet prioriteren van de relatie aan te pakken, moeten koppels zich committeren aan bewuste inspanning om hun band te koesteren. Het reserveren van toegewijde tijd voor elkaar is essentieel voor het bevorderen van verbinding. Of het nu gaat om regelmatige date-avonden, weekenduitstapjes of eenvoudige avondrituelen, tijd voor elkaar maken versterkt het idee dat de relatie een prioriteit is. Koppels kunnen ook dagelijkse check-ins instellen, waar ze hun gedachten en gevoelens delen, wat open communicatie en emotionele intimiteit bevordert.

Bovendien moeten partners actief deelnemen aan gedeelde activiteiten die hun band versterken. Het verkennen van nieuwe interesses, deelnemen aan hobby's of zelfs samen koken kan kansen creëren voor verbinding en gelach. Deze gedeelde ervaringen stellen koppels in staat om meer over elkaar te leren en hun emotionele verbinding te verdiepen. Door tijd te investeren in plezierige activiteiten, kunnen partners hun toewijding aan elkaar versterken en blijvende herinneringen creëren.

Een ander belangrijk aspect van het prioriteren van de relatie is het beoefenen van dankbaarheid en waardering voor elkaar. De tijd nemen om elkaars inspanningen, kwaliteiten en bijdragen te erkennen, bevordert een gevoel van validatie en versterkt de emotionele band. Eenvoudige gebaren, verbale bevestigingen en vriendelijke daden kunnen een lange weg afleggen in het koesteren van een positieve sfeer binnen de relatie. Dankbaarheid uiten helpt partners zich gewaardeerd en gewaardeerd te voelen, wat hun toewijding aan elkaar versterkt.

Bovendien moeten koppels open en eerlijk communiceren over hun emotionele behoeften. Het creëren van een veilige ruimte voor dialoog stelt partners in staat hun gevoelens en zorgen te uiten zonder angst voor een oordeel. Actief luisteren, waarbij de ene partner het perspectief van de ander volledig hoort en valideert, kan emotionele intimiteit en begrip bevorderen. Door gesprekken met empathie en mededogen te benaderen, kunnen koppels samen uitdagingen aangaan en hun toewijding om de relatie prioriteit te geven, versterken.

Professionele ondersteuning zoeken kan ook nuttig zijn voor stellen die moeite hebben met het prioriteren van hun relatie. Therapie biedt een veilige ruimte voor partners om hun gevoelens te onderzoeken, communicatievaardigheden te verbeteren en onderliggende problemen aan te pakken die hun verbinding kunnen belemmeren. Een therapeut kan hulpmiddelen en strategieën bieden om de relatie te koesteren, waardoor stellen gemakkelijker met uitdagingen om kunnen gaan. Therapie kan genezing en groei bevorderen, waardoor partners hun band kunnen versterken.

Bovendien moeten partners het idee omarmen dat het prioriteren van de relatie een doorlopend proces is. Relaties evolueren in de loop van de tijd en het is essentieel voor koppels om toegewijd te blijven aan het koesteren van hun band. Regelmatig emotionele behoeften beoordelen en gevoelens delen, versterkt het belang van het prioriteren van de relatie. Door hun partnerschap te benaderen als een continue reis, kunnen koppels toegewijd blijven aan het opbouwen van een sterke en vervullende verbinding.

Zelfzorg is een ander essentieel aspect van het prioriteren van de relatie. Individuen moeten hun emotionele welzijn prioriteren door deel te nemen aan activiteiten die vreugde en vervulling brengen. Wanneer partners voor zichzelf zorgen, zijn ze beter toegerust om met elkaar om te gaan en positief bij te dragen aan de relatie. Zelfzorg bevordert persoonlijke groei en veerkracht, wat uiteindelijk ten goede komt aan het partnerschap als geheel.

Ten slotte moeten koppels bereid zijn om zich aan te passen en samen te groeien. Naarmate individuen in de loop van de tijd veranderen en evolueren, veranderen ook hun behoeften en verlangens binnen de relatie. Openstaan voor verandering en bereid zijn om elkaar te steunen tijdens de overgangen in het leven kan de band tussen partners versterken. Door groei te omarmen en zich aan te passen aan elkaars veranderende behoeften, kunnen koppels een veerkrachtig en duurzaam partnerschap creëren.

Concluderend kan het verwaarlozen van het prioriteren van de relatie leiden tot aanzienlijke uitdagingen voor nieuwe koppels, waaronder gevoelens van ontkoppeling, onopgeloste conflicten en verminderde tevredenheid. Door zich te committeren aan opzettelijke inspanning, deel te nemen aan gedeelde activiteiten en dankbaarheid te oefenen, kunnen koppels hun band koesteren en hun toewijding aan elkaar versterken. Open communicatie, het zoeken naar professionele ondersteuning en het omarmen van persoonlijke groei versterken de relatie verder. Uiteindelijk stelt het prioriteren van het partnerschap koppels in staat om een sterke, ondersteunende en duurzame verbinding op te bouwen die de tand des tijds doorstaat.

Gebrek aan compromis

In elke romantische relatie zijn verschillende meningen, verlangens en behoeften onvermijdelijk. Elke partner brengt zijn eigen unieke perspectief mee, gevormd door persoonlijke ervaringen, achtergronden en waarden. Hoewel deze verschillen een relatie kunnen verrijken, kunnen ze ook leiden tot conflicten als ze niet goed worden beheerd. Een van de belangrijkste componenten van een succesvol partnerschap is het vermogen om compromissen te sluiten. Veel nieuwe stellen worstelen echter met dit aspect, wat vaak leidt tot spanning, wrok en onopgeloste problemen. Het belang van compromissen begrijpen, de tekenen van afwezigheid ervan herkennen en strategieën implementeren om een meer collaboratieve aanpak te bevorderen, kan de kwaliteit van een relatie aanzienlijk verbeteren.

Compromissen sluiten is het proces van het vinden van een middenweg waar beide partners zich gehoord, gerespecteerd en tevreden kunnen voelen. Het houdt in dat je elkaars standpunten erkent en bereid bent om aanpassingen te doen in het belang van de relatie. Wanneer beide partners zich inzetten voor compromissen, tonen ze bereidheid om de relatie voorrang te geven boven individuele verlangens. Deze collaboratieve geest bevordert vertrouwen, begrip en emotionele intimiteit, waardoor een harmonieuzer en ondersteunend partnerschap ontstaat.

Veel nieuwe koppels geven echter geen prioriteit aan compromissen om verschillende redenen. Een veelvoorkomend probleem is de wens om argumenten of conflicten te 'winnen' in plaats van een oplossing te vinden die beide partijen ten goede komt. Wanneer individuen meningsverschillen benaderen met een competitieve mindset, kunnen ze vastgeroest raken in hun standpunten, wat leidt tot verhoogde spanning en escalerend conflict. Deze vijandige benadering onderdrukt niet alleen open communicatie, maar versterkt ook een gevoel van verdeeldheid binnen het partnerschap.

Een andere reden voor een gebrek aan compromissen is angst voor kwetsbaarheid. Voor sommige mensen kan het uiten van hun behoeften en verlangens riskant aanvoelen, vooral als ze afwijzing of veroordeling van hun partner verwachten. Deze angst kan ertoe leiden dat een van de partners zijn of haar gevoelens of voorkeuren achterhoudt, wat na verloop van tijd leidt tot een opbouw van wrok. Wanneer een van de partners het gevoel heeft dat zijn of haar behoeften consequent over het hoofd worden gezien, kan dit een onevenwicht in de relatie creëren, wat leidt tot gevoelens van frustratie en vervreemding.

Bovendien kunnen culturele en familiale achtergronden een belangrijke rol spelen bij het vormgeven van de benadering van een individu om compromissen te sluiten. Sommige individuen komen mogelijk uit omgevingen waar assertiviteit en individualisme worden gewaardeerd, waardoor ze hun eigen behoeften belangrijker vinden dan het collectieve goed. Anderen hebben mogelijk relaties ervaren waarin compromissen ontbraken, waardoor het voor hen moeilijk was om gezamenlijk beslissingen te nemen. Het herkennen van deze invloeden kan koppels helpen elkaars perspectieven beter te begrijpen en te werken aan een evenwichtigere benadering.

De gevolgen van een gebrek aan compromissen kunnen schadelijk zijn voor een relatie. Een belangrijk probleem is de erosie van vertrouwen. Wanneer partners niet in staat zijn om compromissen te sluiten, kunnen ze zich ongehoord of niet gewaardeerd voelen, wat leidt tot gevoelens van isolatie en teleurstelling. Deze erosie van vertrouwen kan een cyclus van defensiviteit en terugtrekking creëren, waardoor het steeds moeilijker wordt voor partners om emotioneel contact te maken. Naarmate het vertrouwen afneemt, kunnen partners terughoudend zijn om hun gevoelens te delen, wat de kloof verder in stand houdt.

Bovendien kan een gebrek aan compromissen leiden tot meer conflicten. Wanneer meningsverschillen onopgelost blijven, kunnen ze in de loop van de tijd etteren en escaleren. Partners kunnen merken dat ze herhaaldelijk dezelfde argumenten herhalen, waardoor een giftige cyclus van frustratie en wrok ontstaat. Deze cyclus kan leiden tot emotionele uitputting, waardoor het voor partners moeilijk wordt om een constructieve dialoog aan te gaan. Na verloop van tijd kunnen onopgeloste conflicten de emotionele basis van de relatie aantasten, wat leidt tot gevoelens van ontkoppeling en ontevredenheid.

Een ander gevolg van het niet sluiten van compromissen is een afname van de algehele tevredenheid van de relatie. Wanneer partners geen gemeenschappelijke basis kunnen vinden, kunnen ze het gevoel hebben dat hun emotionele behoeften niet worden vervuld. Deze ontevredenheid kan zich op verschillende manieren uiten, waaronder terugtrekking, frustratie en zelfs ontrouw. Wanneer individuen zich verwaarloosd of niet gewaardeerd voelen, kunnen ze buiten de relatie om bevestiging zoeken, wat de relatie verder in gevaar brengt.

Om het probleem van gebrek aan compromissen aan te pakken, moeten koppels een mindset van samenwerking en begrip cultiveren. Een effectieve strategie is om open communicatielijnen te creëren. Partners moeten een veilige ruimte voor dialoog creëren, waar ze hun gedachten en gevoelens kunnen uiten zonder angst voor een oordeel. Actief luisteren, waarbij één partner het perspectief van de ander volledig hoort en valideert, is essentieel voor het bevorderen van begrip en emotionele verbinding.

Een ander belangrijk aspect van het bevorderen van compromissen is het beoefenen van empathie. Partners moeten ernaar streven elkaars standpunten en emotionele behoeften te begrijpen. Deze praktijk houdt in dat je je in de schoenen van de ander verplaatst en de geldigheid van zijn of haar gevoelens erkent. Wanneer partners meningsverschillen met empathie benaderen, is de kans groter dat ze een gemeenschappelijke basis vinden en werken aan oplossingen die beide partijen tevreden stellen.

Het stellen van duidelijke verwachtingen kan ook helpen om compromissen te vergemakkelijken. Koppels moeten in discussie gaan over hun behoeften, verlangens en grenzen. Door een gedeeld begrip te creëren van wat belangrijk is voor elke partner, kunnen ze effectiever omgaan met conflicten en oplossingen vinden die beide perspectieven respecteren. Deze proactieve benadering versterkt het idee dat de relatie een prioriteit is en bevordert een geest van samenwerking.

Bovendien moeten koppels het idee omarmen dat compromis niet betekent dat je je eigen behoeften of verlangens opoffert. Een gezond compromis houdt in dat je oplossingen vindt die de perspectieven van beide partners respecteren. Deze balans kan worden bereikt door te brainstormen over mogelijke oplossingen en creatieve alternatieven te verkennen die beide partijen tevreden stellen. Wanneer koppels conflictresolutie benaderen als een gezamenlijke inspanning, versterken ze hun toewijding aan de relatie en versterken ze hun emotionele band.

Bovendien kunnen koppels geduld en flexibiliteit oefenen in hun benadering van compromissen. Erkennen dat het vinden van een gemeenschappelijke basis tijd en moeite kan kosten, kan een deel van de druk verlichten die gepaard gaat met conflictresolutie. Partners moeten bereid zijn om discussies opnieuw te bekijken en verschillende oplossingen te verkennen terwijl ze naar een oplossing toewerken. Dit geduld bevordert een gevoel van teamwerk en moedigt een open dialoog aan, wat uiteindelijk de kwaliteit van de relatie verbetert.

Professionele begeleiding zoeken kan ook nuttig zijn voor stellen die worstelen met compromissen. Therapie biedt partners een veilige ruimte om hun gevoelens te onderzoeken, communicatievaardigheden te verbeteren en onderliggende problemen aan te pakken die hun vermogen om compromissen te sluiten kunnen belemmeren. Een therapeut kan hulpmiddelen en strategieën bieden om conflicten te navigeren, en stellen helpen gezondere patronen van communicatie en besluitvorming te ontwikkelen. Therapie kan groei en genezing bevorderen, waardoor partners hun band kunnen versterken.

Tot slot moeten koppels het idee omarmen dat compromissen een doorlopend proces zijn. Relaties evolueren in de loop van de tijd en het is essentieel dat partners zich blijven inzetten voor gezamenlijke besluitvorming. Regelmatig emotionele behoeften beoordelen en gevoelens delen, versterkt het belang van compromissen in de relatie. Door hun partnerschap te benaderen als een continue reis, kunnen koppels zich aanpassen aan elkaars veranderende behoeften en een sterke, ondersteunende verbinding bevorderen.

Concluderend kan een gebrek aan compromissen aanzienlijke uitdagingen vormen voor nieuwe koppels, wat leidt tot gevoelens van frustratie, ontkoppeling en ontevredenheid. Door een mindset van samenwerking te cultiveren, open communicatie te voeren en empathie te oefenen, kunnen koppels een gezondere benadering van conflictresolutie ontwikkelen. Duidelijke verwachtingen stellen, geduld oefenen en professionele ondersteuning zoeken, versterken het partnerschap verder. Uiteindelijk stelt het omarmen van de kunst van het compromis koppels in staat om een sterke, veerkrachtige relatie op te bouwen die de tand des tijds doorstaat.

Slechte conflictresolutie

Conflicten zijn een onvermijdelijk onderdeel van elke romantische relatie. Verschillen in meningen, waarden en prioriteiten kunnen leiden tot meningsverschillen die, als ze niet effectief worden aangepakt, kunnen escaleren tot belangrijke problemen. De manier waarop koppels omgaan met conflicten kan een grote impact hebben op de gezondheid en levensduur van hun relatie. Helaas worstelen veel nieuwe koppels met slechte strategieën voor conflictresolutie, wat leidt tot terugkerende ruzies, emotionele stress en uiteindelijk een afname van de tevredenheid over de relatie. Het begrijpen van de dynamiek van conflicten, het herkennen van de tekenen van slechte resolutie en het implementeren van effectieve strategieën voor conflictresolutie kan de band van een koppel aanzienlijk verbeteren.

Effectieve conflictresolutie is het vermogen om meningsverschillen constructief te beheren, waardoor beide partners hun gevoelens kunnen uiten en een gemeenschappelijke basis kunnen vinden. Wanneer het goed wordt aangepakt, kan een conflict een kans zijn voor groei, dieper begrip en verbeterde emotionele intimiteit. Slechte conflictresolutie kan echter leiden tot verhoogde spanning, gevoelens van wrok en een verstoorde communicatie, waardoor het essentieel is voor koppels om gezonde strategieën te ontwikkelen voor het beheren van meningsverschillen.

Een van de meest voorkomende tekenen van slechte conflictresolutie is vermijding. Sommige personen kunnen confrontaties uit de weg gaan, uit angst dat het bespreken van gevoelige onderwerpen zal leiden tot ruzies of emotionele stress. Hoewel het begrijpelijk is om ongemak te willen vermijden, kan het vermijden van conflicten leiden tot een opbouw van onopgeloste problemen die na verloop van tijd gaan etteren. Partners kunnen zich steeds meer losgekoppeld gaan voelen omdat ze hun gevoelens en zorgen niet aanpakken. Deze vermijding kan een giftige cyclus creëren, waarbij onopgeloste problemen zich ophopen en een voedingsbodem vormen voor wrok.

Een ander veelvoorkomend probleem bij slechte conflictresolutie is ineffectieve communicatie. Wanneer partners zich bezighouden met onproductieve communicatiepatronen, kunnen ze hun toevlucht nemen tot schuld, kritiek of defensiviteit. Deze negatieve communicatiestijlen kunnen het conflict escaleren in plaats van het op te lossen. Wanneer individuen zich aangevallen of bekritiseerd voelen, kunnen ze defensief worden en de communicatie helemaal afsluiten. Deze verstoring van de dialoog kan het vermogen van het koppel om een oplossing te bereiken belemmeren, wat leidt tot langdurige meningsverschillen en emotionele afstand.

Bovendien trappen veel koppels in de valkuil van stonewalling, waarbij een van de partners zich volledig terugtrekt uit het gesprek. Dit gedrag kan zich uiten in stilte, het vermijden van oogcontact of het zich terugtrekken uit de discussie. Hoewel het nuttig kan zijn om tijdens verhitte discussies een pauze te nemen, kan consequent stonewalling gevoelens van afwijzing en frustratie creëren bij de partner die probeert te communiceren. Dit gedrag kan de spanningen verder doen toenemen en een omgeving creëren waarin geen van beide partners zich gehoord of gewaardeerd voelt.

De gevolgen van slechte conflictresolutie kunnen schadelijk zijn voor een relatie. Een belangrijk probleem is de erosie van vertrouwen. Wanneer partners niet in staat zijn om effectief om te gaan met conflicten, kunnen ze het gevoel krijgen dat hun behoeften en emoties niet worden gewaardeerd. Dit gevoel van ontkoppeling kan leiden tot een afname van vertrouwen, waardoor het steeds moeilijker wordt voor partners om open en eerlijk te communiceren. Naarmate het vertrouwen afneemt, kunnen partners zich geïsoleerd voelen, wat leidt tot verdere emotionele afstand en ontevredenheid.

Bovendien kan slechte conflictresolutie leiden tot meer emotionele stress. Wanneer onopgeloste conflicten blijven hangen, kunnen ze een omgeving van spanning en frustratie creëren. Partners kunnen gevoelens van angst, woede of verdriet ervaren terwijl ze door voortdurende meningsverschillen navigeren zonder oplossing. Deze emotionele last kan een tol eisen van beide individuen, wat hun algehele welzijn en tevredenheid binnen de relatie beïnvloedt.

Bovendien kunnen consistente patronen van slechte conflictresolutie leiden tot een afname van de algehele tevredenheid over de relatie. Wanneer koppels zich vastgelopen voelen in een cyclus van onopgeloste problemen, kunnen ze frustratie en teleurstelling ervaren. Na verloop van tijd kan deze ontevredenheid zich manifesteren als ontkoppeling of terugtrekking, wat een gevoel van hopeloosheid binnen het partnerschap creëert. Wanneer individuen het gevoel hebben dat hun relatie wordt gekenmerkt door conflicten in plaats van verbinding, kunnen ze de levensvatbaarheid van het partnerschap in twijfel gaan trekken.

Om slechte conflictresolutie aan te pakken, moeten koppels zich committeren aan het ontwikkelen van gezonde communicatiestrategieën. Een effectieve aanpak is het vaststellen van basisregels voor conflictbesprekingen. Partners moeten overeenkomen om respectvol te communiceren, schuld te vermijden en zich te richten op specifiek gedrag in plaats van persoonlijke aanvallen. Door duidelijke richtlijnen voor discussies vast te stellen, kunnen koppels een veilige ruimte voor dialoog creëren, wat open communicatie en begrip bevordert.

Een andere belangrijke strategie is om actief te luisteren. Wanneer een partner zijn gevoelens of zorgen uit, moet de ander actief luisteren door zijn volledige aandacht te geven en het perspectief van zijn partner te valideren. Deze praktijk zorgt ervoor dat partners zich gehoord en gerespecteerd voelen, wat een gevoel van emotionele intimiteit bevordert. Actief luisteren kan partners ook helpen om gemeenschappelijke grond te identificeren, waardoor het gemakkelijker wordt om op een constructieve manier met meningsverschillen om te gaan.

Bovendien moeten koppels conflicten benaderen met een probleemoplossende mindset. In plaats van meningsverschillen te zien als gevechten om te winnen, moeten partners conflicten zien als kansen voor samenwerking. Deze verschuiving in perspectief moedigt koppels aan om samen te werken om oplossingen te vinden die voldoen aan de behoeften van beide partners. Door te brainstormen over mogelijke oplossingen en creatieve alternatieven te verkennen, kunnen koppels een gevoel van teamwerk en toewijding aan de relatie bevorderen.

Bovendien kan het nuttig zijn om pauzes te nemen tijdens verhitte discussies. Wanneer emoties hoog oplopen, kan het lastig zijn om een productieve dialoog aan te gaan. Partners moeten afspreken om het gesprek te pauzeren en er weer op terug te komen als ze allebei in een kalmere gemoedstoestand zijn. Deze pauze stelt individuen in staat om hun emoties te verwerken en na te denken over hun gevoelens, waardoor het makkelijker wordt om de discussie met een helderder perspectief te benaderen.

Een ander belangrijk aspect van effectieve conflictresolutie is het aanpakken van onderliggende problemen. Vaak kunnen oppervlakkige meningsverschillen diepere emotionele behoeften of zorgen maskeren. Koppels moeten open gesprekken voeren over hun gevoelens, angsten en verlangens om de grondoorzaken van hun conflicten te identificeren. Door deze onderliggende problemen aan te pakken, kunnen partners werken aan zinvollere oplossingen die hun emotionele verbinding versterken.

Professionele ondersteuning zoeken kan ook nuttig zijn voor stellen die worstelen met het oplossen van conflicten. Therapie biedt partners een veilige ruimte om hun gevoelens te onderzoeken, communicatievaardigheden te verbeteren en onderliggende problemen aan te pakken die hun vermogen om effectief met conflicten om te gaan kunnen belemmeren. Een therapeut kan hulpmiddelen en strategieën bieden voor het omgaan met meningsverschillen, en stellen helpen gezondere patronen van communicatie en probleemoplossing te ontwikkelen. Therapie kan groei en genezing bevorderen, waardoor partners hun band kunnen versterken.

Bovendien moeten koppels het idee omarmen dat conflictresolutie een doorlopend proces is. Relaties evolueren in de loop van de tijd en het is essentieel dat partners toegewijd blijven aan het verbeteren van hun conflictresolutievaardigheden. Regelmatig emotionele behoeften beoordelen en gevoelens delen, versterkt het belang van effectieve communicatie binnen de relatie. Door hun partnerschap te benaderen als een continue reis, kunnen koppels zich aanpassen aan elkaars veranderende behoeften en een sterke, ondersteunende verbinding bevorderen.

Tot slot moeten partners zelfbewustzijn oefenen tijdens conflicten. Het herkennen van hun emotionele triggers en communicatiepatronen kan individuen helpen effectiever te reageren tijdens meningsverschillen. Door hun reacties en emoties te begrijpen, kunnen partners conflicten benaderen met meer empathie en medeleven, waardoor een constructievere omgeving voor oplossing ontstaat.

Concluderend kan slechte conflictresolutie aanzienlijke uitdagingen vormen voor nieuwe koppels, wat leidt tot gevoelens van frustratie, ontkoppeling en ontevredenheid. Door gezonde communicatiestrategieën te ontwikkelen, actief te luisteren en conflicten te benaderen met een probleemoplossende mindset, kunnen koppels effectiever omgaan met meningsverschillen. Pauzes nemen tijdens verhitte discussies, onderliggende problemen aanpakken en professionele ondersteuning zoeken, verbetert het partnerschap verder. Uiteindelijk stelt het omarmen van effectieve conflictresolutie koppels in staat om een sterke, veerkrachtige relatie op te bouwen die de tand des tijds doorstaat.

Verlies van romantiek en genegenheid

Romantiek en genegenheid zijn de levensader van een liefdevolle relatie. Ze creëren een emotionele verbinding die niet alleen de band tussen partners versterkt, maar ook intimiteit en vreugde bevordert. Echter, wanneer nieuwe koppels zich in hun routines nestelen, merken ze vaak dat de eerste vonk van romantiek kan beginnen te vervagen. Dit geleidelijke verlies van romantiek en genegenheid kan leiden tot gevoelens van ontkoppeling en ontevredenheid, wat uiteindelijk de relatie in gevaar brengt. Het begrijpen van de oorzaken van deze achteruitgang, het herkennen van de signalen en het implementeren van strategieën om romantiek nieuw leven in te blazen, kan koppels helpen een liefdevolle en aanhankelijke relatie te behouden.

De beginfase van een relatie wordt vaak gekenmerkt door opwinding en passie. Koppels investeren doorgaans tijd en energie in het leren kennen van elkaar, het verkennen van gedeelde interesses en het uiten van hun genegenheid door middel van gebaren en woorden. Naarmate de nieuwigheid van de relatie echter afneemt, is het gebruikelijk dat partners in een routine vervallen. Verantwoordelijkheden, werkverplichtingen en het dagelijks leven kunnen voorrang krijgen, waardoor er weinig tijd overblijft voor romantiek en verbinding. Deze verschuiving kan een emotionele afstand creëren die van invloed is op de gevoelens van intimiteit en genegenheid van beide partners.

Een van de belangrijkste redenen waarom koppels een verlies aan romantiek ervaren, is de normalisering van zelfgenoegzaamheid. Veel individuen raken op hun gemak in hun relatie en nemen aan dat liefde en genegenheid zullen blijven bestaan zonder opzettelijke inspanning. Deze mentaliteit kan leiden tot een gebrek aan initiatief om gevoelens te uiten, romantische uitjes te plannen of zich bezig te houden met affectief gedrag. Partners kunnen merken dat ze elkaar als vanzelfsprekend beschouwen, wat leidt tot een afname van emotionele verbinding.

Een andere bijdragende factor is de toenemende eisen van het dagelijks leven. Werkdruk, familieverplichtingen en sociale verplichtingen kunnen ervoor zorgen dat koppels zich uitgeput en leeggezogen voelen. Wanneer partners gepreoccupeerd zijn met hun verantwoordelijkheden, kunnen ze verwaarlozen om prioriteit te geven aan hun relatie. Deze verwaarlozing kan leiden tot een vicieuze cirkel waarin stress en vermoeidheid het verlangen naar intimiteit en genegenheid verminderen, wat gevoelens van ontkoppeling verder verergert.

Bovendien kunnen veranderingen in levensomstandigheden invloed hebben op romantiek en genegenheid. Gebeurtenissen zoals de geboorte van een kind, baanwisselingen of financiële stress kunnen de dynamiek van een relatie veranderen. Tijdens deze overgangen kunnen koppels moeite hebben om hun emotionele connectie te behouden terwijl ze nieuwe uitdagingen aangaan. De focus op externe druk kan de behoefte om het romantische aspect van de relatie te koesteren overschaduwen, wat leidt tot een afname van genegenheid.

De gevolgen van het verliezen van romantiek en genegenheid kunnen aanzienlijk zijn. Een belangrijk probleem is de erosie van emotionele intimiteit. Wanneer partners er niet in slagen hun liefde en waardering voor elkaar te uiten, kunnen ze zich verwaarloosd of niet gewaardeerd voelen. Deze emotionele afstand kan gevoelens van eenzaamheid en ontevredenheid creëren, wat de basis van de relatie ondermijnt. Naarmate de intimiteit afneemt, kunnen partners het steeds moeilijker vinden om op een dieper niveau verbinding te maken, wat leidt tot een cyclus van ontkoppeling.

Bovendien kan het verlies van romantiek leiden tot een verminderde algehele tevredenheid over de relatie. Wanneer partners het gevoel hebben dat hun emotionele behoeften niet worden vervuld, kunnen ze frustratie en teleurstelling ervaren. Na verloop van tijd kan deze ontevredenheid zich manifesteren in wrok, terugtrekking of zelfs ontrouw, omdat individuen vervulling buiten de relatie zoeken. Wanneer de emotionele verbinding verzwakt, kunnen partners de levensvatbaarheid van hun partnerschap in twijfel gaan trekken, wat leidt tot verdere ontevredenheid.

Bovendien kan het verlies van romantiek en genegenheid leiden tot een breuk in de communicatie. Wanneer partners hun gevoelens niet actief uiten, vinden ze het misschien lastig om hun behoeften en verlangens openlijk te bespreken. Dit gebrek aan communicatie kan misverstanden en verdere afstand tussen partners creëren. Naarmate de emotionele verbinding verzwakt, wordt het steeds moeilijker om een constructieve dialoog aan te gaan, waardoor het lastig wordt om problemen aan te pakken die zich in de relatie voordoen.

Om het verlies van romantiek en genegenheid aan te pakken, moeten koppels doelbewust hun emotionele connectie koesteren. Een effectieve strategie is om prioriteit te geven aan quality time samen. Koppels moeten een gezamenlijke inspanning leveren om tijd vrij te maken in hun drukke schema's om deel te nemen aan activiteiten die hen vreugde brengen en intimiteit bevorderen. Of het nu gaat om een wandeling maken, een picknick houden of een gewone date night plannen, het creëren van gedeelde ervaringen kan de vonk van romantiek weer aanwakkeren.

Een ander belangrijk aspect van het onderhouden van romantiek is het beoefenen van dankbaarheid en waardering. Partners moeten de tijd nemen om regelmatig hun liefde en waardering voor elkaar te uiten. Eenvoudige gebaren zoals het achterlaten van briefjes, verbale bevestigingen of kleine verrassingen kunnen een lange weg gaan in het koesteren van genegenheid. Wanneer partners zich gewaardeerd en gewaardeerd voelen, is de kans groter dat ze genegenheid teruggeven, wat hun emotionele band versterkt.

Bovendien moeten koppels open en eerlijk communiceren over hun behoeften en verlangens. Bespreken wat romantiek voor elke partner betekent en manieren verkennen om intimiteit te verbeteren, kan duidelijkheid en richting geven aan de relatie. Partners moeten zich gesterkt voelen om hun gevoelens, angsten en verlangens te uiten zonder angst voor een oordeel. Deze openheid bevordert een veilige ruimte voor kwetsbaarheid en verdiept de emotionele verbinding tussen partners.

Het opnemen van kleine romantische handelingen in het dagelijks leven kan ook helpen om genegenheid weer aan te wakkeren. Eenvoudige gebaren zoals hand in hand lopen, knuffelen of een kus delen kunnen de emotionele band tussen partners versterken. Fysieke genegenheid tonen, zelfs op kleine manieren, kan gevoelens van nabijheid en intimiteit oproepen. Koppels zouden prioriteit moeten geven aan deze momenten van verbinding, omdat ze dienen als herinneringen aan hun liefde voor elkaar.

Bovendien kan het samen verkennen van nieuwe ervaringen helpen om romantiek nieuw leven in te blazen. Nieuwe activiteiten uitproberen, of het nu gaat om een kookles, wandelen of een concert bijwonen, kan opwinding en nieuwigheid in de relatie brengen. Deze gedeelde ervaringen creëren blijvende herinneringen en bevorderen een gevoel van teamwerk en verbondenheid. Samen nieuwe avonturen beleven kan de passie en genegenheid die in de loop van de tijd misschien zijn verdwenen, nieuw leven inblazen.

Bovendien moeten koppels rekening houden met hun individuele behoeften. Elke partner moet zich bezighouden met zelfzorg en persoonlijke interesses nastreven buiten de relatie. Wanneer individuen zich vervuld voelen in hun eigen leven, is de kans groter dat ze positieve energie en enthousiasme in de relatie brengen. Elkaar aanmoedigen om hobby's en interesses na te streven, kan leiden tot een evenwichtiger en harmonieuzer partnerschap.

Professionele ondersteuning zoeken kan ook nuttig zijn voor stellen die moeite hebben met het onderhouden van romantiek en genegenheid. Therapie biedt een veilige ruimte voor partners om hun gevoelens te onderzoeken, communicatievaardigheden te verbeteren en onderliggende problemen aan te pakken die hun emotionele verbinding kunnen belemmeren. Een therapeut kan hulpmiddelen en strategieën bieden om intimiteit te koesteren en romantiek nieuw leven in te blazen, waardoor stellen gezondere patronen van communicatie en genegenheid kunnen ontwikkelen.

Tot slot moeten koppels het idee omarmen dat het koesteren van romantiek een doorlopend proces is. Relaties vereisen voortdurende inspanning en investering, en partners moeten bereid zijn om zich aan te passen en samen te groeien. Regelmatig emotionele behoeften beoordelen en gevoelens delen, versterkt het belang van het onderhouden van romantiek binnen de relatie. Door hun partnerschap te benaderen als een voortdurende reis, kunnen koppels een sterke basis van liefde en genegenheid creëren die de tand des tijds doorstaat.

Concluderend kan het verliezen van romantiek en genegenheid aanzienlijke uitdagingen vormen voor nieuwe koppels, wat leidt tot gevoelens van ontkoppeling en ontevredenheid. Door prioriteit te geven aan quality time, dankbaarheid te beoefenen, open communicatie aan te gaan en kleine romantische daden te incorporeren, kunnen koppels hun emotionele verbinding koesteren. Samen nieuwe ervaringen verkennen, rekening houden met individuele behoeften en professionele ondersteuning zoeken, verbetert het partnerschap verder. Uiteindelijk stelt het omarmen van het belang van romantiek koppels in staat om een liefdevolle, aanhankelijke relatie op te bouwen die in de loop van de tijd floreert.

Alleen focussen op de korte termijn

In de wervelwind van nieuwe liefde kan het voor koppels al te gemakkelijk zijn om meegesleept te worden in de opwinding van het moment, waarbij ze vaak de lange termijn implicaties van hun relatie verwaarlozen. Deze kortzichtigheid kan leiden tot verschillende problemen die uiteindelijk de groei en duurzaamheid van het partnerschap belemmeren. Hoewel leven in het moment vreugde en passie kan brengen, kan een exclusieve focus op korte termijn bevrediging de stabiliteit en toekomst van de relatie in gevaar brengen. Het begrijpen van de valkuilen van deze mindset, het herkennen van de signalen ervan en het implementeren van strategieën voor lange termijn denken kan koppels helpen een diepere en duurzamere verbinding te cultiveren.

Een van de grootste gevaren van het alleen focussen op de korte termijn is het risico dat belangrijke aspecten van de relatie die bijdragen aan het succes ervan op de lange termijn over het hoofd worden gezien. Veel nieuwe koppels geven bijvoorbeeld prioriteit aan directe genoegens, zoals frequente dates, gepassioneerde ontmoetingen en spannende avonturen, zonder de tijd te nemen om een solide basis van vertrouwen, communicatie en gedeelde waarden te leggen. Dit gebrek aan diepgang kan leiden tot een oppervlakkige band die moeite kan hebben om de uitdagingen te weerstaan die onvermijdelijk in elke relatie ontstaan.

Bovendien kunnen koppels die zich primair richten op kortetermijngenot essentiële gesprekken over hun toekomstige doelen, waarden en verwachtingen verwaarlozen. Dit verzuim kan later leiden tot misverstanden en verkeerde afstemmingen. Zo kan de ene partner een toekomst met huwelijk en kinderen voor ogen hebben, terwijl de ander prioriteit geeft aan carrièreaspiraties en persoonlijke onafhankelijkheid. Zonder deze gesprekken kunnen koppels in een impasse terechtkomen, wat leidt tot gevoelens van frustratie en teleurstelling naarmate de relatie vordert.

Een ander belangrijk gevolg van een focus op de korte termijn is de kans op impulsiviteit bij het nemen van beslissingen. Koppels kunnen overhaaste keuzes maken op basis van directe verlangens in plaats van de effecten op de lange termijn op hun relatie te overwegen. Deze impulsiviteit kan zich op verschillende manieren manifesteren, zoals te snel samenwonen, grote financiële verplichtingen aangaan zonder goede planning, of te afhankelijk worden van elkaar voor emotionele steun. Deze beslissingen kunnen de relatie onder druk zetten en leiden tot problemen op de lange termijn die vermeden hadden kunnen worden met een meer doordachte aanpak.

Bovendien kan het focussen op het heden alleen de emotionele groei en volwassenheid binnen het partnerschap belemmeren. Relaties vereisen voortdurende inspanning en aanpassing, aangezien beide individuen zich in de loop van de tijd ontwikkelen. Wanneer koppels prioriteit geven aan onmiddellijke bevrediging boven een langetermijnverbintenis, kunnen ze kansen missen om van uitdagingen te leren en samen te groeien. Deze stagnatie kan resulteren in een gebrek aan emotionele intimiteit en verbinding, wat uiteindelijk de levensduur van de relatie in gevaar brengt.

Het herkennen van de signalen van een kortetermijnfocus is cruciaal voor stellen die een gezonde en duurzame relatie willen opbouwen. Een veelvoorkomende indicator is een gebrek aan toekomstplanning. Als gesprekken over de toekomst onregelmatig of oppervlakkig zijn, kan dit erop duiden dat partners de langetermijngevolgen van hun relatie niet overwegen. Stellen moeten ernaar streven om zinvolle discussies te voeren over hun aspiraties, waarden en doelen om afstemming en begrip te garanderen.

Een ander teken van kortetermijndenken is een te grote nadruk op direct genot ten koste van emotionele verbinding. Hoewel het essentieel is om van elkaars gezelschap te genieten, moeten partners ook prioriteit geven aan het bevorderen van intimiteit door open communicatie en emotionele steun. Als een of beide partners consequent prioriteit geven aan plezier en opwinding boven emotionele binding, kan dit duiden op een behoefte om hun benadering van de relatie te heroverwegen.

Om de neiging om alleen op de korte termijn te focussen tegen te gaan, kunnen koppels verschillende strategieën implementeren die langetermijndenken en -verbintenissen bevorderen. Een effectieve aanpak is om gedeelde doelen en waarden vroeg in de relatie vast te stellen. Door individuele aspiraties te bespreken en deze af te stemmen op de doelstellingen van het partnerschap, kunnen koppels een routekaart voor hun gezamenlijke toekomst creëren. Dit proces bevordert een gevoel van eenheid en doel, en moedigt partners aan om samen te werken aan hun gedeelde visie.

Een andere belangrijke strategie is om regelmatig te checken over de voortgang en toekomstige richting van de relatie. Deze discussies kunnen partners de kans bieden om hun gevoelens te uiten, hun emotionele behoeften te beoordelen en eventuele zorgen te onderzoeken. Door prioriteit te geven aan open communicatie, kunnen koppels ervoor zorgen dat ze op dezelfde pagina blijven en mogelijke problemen aanpakken voordat ze escaleren.

Bovendien moeten koppels zich richten op het cultiveren van emotionele intimiteit naast het genieten van gedeelde ervaringen. Tijd en moeite investeren in het verdiepen van de emotionele band kan een solide basis vormen voor de relatie. Dit kan worden bereikt door middel van zinvolle gesprekken, affectieve handelingen en quality time die samen wordt doorgebracht. Door prioriteit te geven aan emotionele verbinding, kunnen partners een diepere en duurzamere relatie creëren die de opwinding van het moment overstijgt.

Bovendien moeten koppels zich bewust zijn van het belang van geduld in hun relatie. Het ontwikkelen van een sterk, duurzaam partnerschap kost tijd en moeite. Koppels moeten de drang weerstaan om overhaast belangrijke beslissingen te nemen of verbintenissen aan te gaan die alleen gebaseerd zijn op directe gevoelens. In plaats daarvan moeten ze hun relatie op natuurlijke wijze laten ontvouwen, waarbij ze zich richten op het bouwen van een sterk fundament dat de tand des tijds kan doorstaan.

Bovendien kan het zoeken naar externe ondersteuning nuttig zijn voor stellen die worstelen met kortetermijndenken. Relatietherapie of relatiecoaching kan waardevolle inzichten en hulpmiddelen bieden voor het bevorderen van een langetermijnverbintenis en emotionele verbinding. Een professional kan partners helpen bij het navigeren door uitdagingen, het onderzoeken van hun gevoelens en het ontwikkelen van strategieën om hun doelen en waarden op één lijn te brengen. Deze begeleiding kan groei en begrip bevorderen, wat uiteindelijk het partnerschap versterkt.

Bovendien zouden koppels het idee moeten omarmen dat relaties zich in de loop van de tijd ontwikkelen. In plaats van hun partnerschap als statisch te beschouwen, zouden ze moeten erkennen dat beide individuen gedurende hun leven zullen groeien en veranderen. Dit begrip moedigt koppels aan om flexibel te blijven en open te staan voor het aanpassen van hun verwachtingen en doelen naarmate hun relatie vordert. Door deze mindset te omarmen, kunnen partners veerkracht ontwikkelen en uitdagingen effectiever aangaan.

Concluderend kan het focussen op de korte termijn aanzienlijke uitdagingen opleveren voor nieuwe koppels, wat kan leiden tot misverstanden, impulsiviteit en emotionele stagnatie. Door gedeelde doelen en waarden vast te stellen, regelmatig in te checken en emotionele intimiteit te prioriteren, kunnen koppels een diepere en duurzamere verbinding cultiveren. Geduld oefenen en externe steun zoeken, verbetert het partnerschap verder. Uiteindelijk stelt het omarmen van langetermijndenken koppels in staat om een liefdevolle, toegewijde relatie op te bouwen die in de loop van de tijd floreert.

Te geheimzinnig zijn

In elke relatie is vertrouwen een hoeksteen van intimiteit en verbinding. Wanneer partners echter te geheimzinnig worden, kan dit barrières creëren die open communicatie en emotionele binding belemmeren. Hoewel iedereen recht heeft op privacy en persoonlijke ruimte, kan buitensporige geheimzinnigheid leiden tot misverstanden, gevoelens van verraad en een vertrouwensbreuk. Nieuwe koppels moeten de signalen van geheimzinnig gedrag herkennen, de mogelijke impact ervan op de relatie begrijpen en strategieën implementeren om transparantie en openheid te bevorderen.

Geheimhouding in een relatie kan zich op verschillende manieren manifesteren. Het kan gaan om het achterhouden van informatie over eerdere relaties, financiële zaken, persoonlijke worstelingen of zelfs dagelijkse beslissingen. Partners kunnen ervoor kiezen om bepaalde aspecten van hun leven privé te houden, in de veronderstelling dat dit een vorm van zelfbescherming is of dat het de gevoelens van hun partner zal sparen. Deze aanpak werkt echter vaak averechts, omdat geheimhouding argwaan en onzekerheid kan kweken, wat leidt tot een giftige cyclus van wantrouwen.

Een belangrijk gevolg van te geheimzinnig zijn is de erosie van vertrouwen tussen partners. Vertrouwen is gebouwd op de basis van openheid en eerlijkheid. Wanneer een partner ontdekt dat de ander informatie heeft achtergehouden, kan dit leiden tot gevoelens van verraad en verwarring. Vertrouwen dat eenmaal is verbroken, is moeilijk te herstellen en de relatie kan langdurige gevolgen ondervinden. Wanneer partners niet transparant zijn naar elkaar, kunnen ze elkaars bedoelingen in twijfel trekken, wat leidt tot een giftige omgeving die wordt gekenmerkt door twijfel en angst.

Bovendien kan geheimhouding leiden tot emotionele afstand en isolatie. Wanneer individuen hun gedachten en gevoelens achterhouden, kunnen ze onbedoeld barrières creëren die een zinvolle verbinding verhinderen. Partners kunnen het lastig vinden om diepe gesprekken te voeren of elkaar te steunen in moeilijke tijden, wat leidt tot een gebrek aan intimiteit. Deze emotionele afstand kan gevoelens van eenzaamheid en ontkoppeling bevorderen, wat uiteindelijk de levensduur van de relatie in gevaar brengt.

Bovendien kan geheimzinnigheid leiden tot miscommunicatie en misverstanden. Wanneer partners belangrijke informatie niet delen, kunnen aannames de leegte opvullen, wat leidt tot conflicten en frustraties. Zo kan de ene partner ervan uitgaan dat de ander iets belangrijks verbergt, terwijl de geheimzinnige partner misschien niet de noodzaak ziet om elk detail van zijn of haar leven te onthullen. Deze ontkoppeling kan spanning en wrok creëren, waardoor het steeds moeilijker wordt om conflicten constructief op te lossen.

Het herkennen van de signalen van geheimzinnig gedrag is essentieel voor koppels die een gezonde en open relatie willen opbouwen. Een veelvoorkomende indicator is een terughoudendheid om persoonlijke zaken of gevoelens te bespreken. Als een van de partners vaak onderwerpen vermijdt die gedeeld zouden moeten worden of defensief wordt wanneer er naar het verleden wordt gevraagd, kan dit duiden op een onwil om kwetsbaar te zijn. Dit kan een sfeer van achterdocht en onzekerheid creëren, wat emotionele intimiteit belemmert.

Een ander teken is een patroon van ontwijkend gedrag. Als een partner consequent vage of onvolledige antwoorden geeft op vragen, kan dit erop duiden dat hij/zij informatie achterhoudt. Dit gedrag kan leiden tot frustratie en verwarring bij de andere partner, die het gevoel kan hebben dat zijn/haar vertrouwen wordt ondermijnd. Wanneer partners niet openhartig zijn, kan dit een gevoel van ongemak creëren, wat leidt tot verdere vragen en uiteindelijk tot conflicten.

Om de neiging tot geheimzinnigheid tegen te gaan, moeten koppels prioriteit geven aan open communicatie en transparantie in hun relatie. Een effectieve strategie is om een basis van vertrouwen te creëren door een veilige ruimte te creëren om te delen. Partners moeten zich op hun gemak voelen om hun gedachten, gevoelens en ervaringen te bespreken zonder angst voor oordeel of vergelding. Dit kan worden bereikt door regelmatige check-ins, waarbij elke partner zijn gevoelens kan uiten en eventuele zorgen kan delen.

Bovendien is het oefenen van actief luisteren essentieel om openheid te bevorderen. Partners moeten een gezamenlijke inspanning leveren om aandachtig te luisteren wanneer de ander spreekt. Dit betekent niet alleen de woorden horen, maar ook de emoties erachter begrijpen. Door elkaars gevoelens en ervaringen te valideren, kunnen koppels een sfeer van steun en acceptatie creëren, wat meer eerlijkheid en transparantie aanmoedigt.

Een ander belangrijk aspect van het verminderen van geheimhouding is open zijn over persoonlijke worstelingen en uitdagingen. Het is natuurlijk dat individuen moeilijkheden in hun leven tegenkomen, en het delen van deze ervaringen kan de emotionele band tussen partners versterken. Door kwetsbaarheden te bespreken, kunnen partners steun en aanmoediging bieden, waardoor hun verbinding wordt versterkt. Deze openheid bevordert empathie en begrip, waardoor beide partners zich veiliger voelen in hun relatie.

Bovendien moeten koppels zich bewust zijn van het stellen van grenzen met betrekking tot persoonlijke informatie. Hoewel transparantie essentieel is, is het ook cruciaal om elkaars privacy te respecteren. Partners moeten communiceren over wat ze comfortabel kunnen delen en wat privé blijft. Door duidelijke grenzen te stellen, kunnen koppels navigeren door de delicate balans tussen openheid en privacy, waardoor de kans op misverstanden wordt verkleind.

Bovendien kan het deelnemen aan gezamenlijke activiteiten een gevoel van eenheid bevorderen en de band tussen partners versterken. Door quality time samen door te brengen, kunnen koppels ervaringen delen en hun emotionele connectie verdiepen. Deze gedeelde betrokkenheid kan gesprekken en openheid vergemakkelijken, waardoor een ondersteunende omgeving ontstaat waarin beide partners zich gewaardeerd en begrepen voelen.

Een andere nuttige strategie is om kwesties van geheimhouding vroeg in de relatie aan te pakken. Als een van de partners vindt dat de ander geheimzinnig doet, is het essentieel om deze bezorgdheid openlijk en eerlijk te communiceren. Het bespreken van gevoelens van ongemak of achterdocht kan partners helpen de onderliggende problemen aan te pakken en te werken aan meer transparantie. Door het gesprek met empathie en begrip te benaderen, kunnen koppels een kans creëren voor groei en genezing.

Het zoeken naar externe steun kan ook nuttig zijn voor stellen die worstelen met geheimhouding. Relatietherapie kan een veilige ruimte bieden voor partners om hun gevoelens te onderzoeken, communicatievaardigheden te verbeteren en onderliggende problemen aan te pakken die transparantie in de weg kunnen staan. Een therapeut kan waardevolle inzichten en hulpmiddelen bieden om openheid en vertrouwen te bevorderen, en stellen te helpen gezondere patronen van communicatie en emotionele verbinding te ontwikkelen.

Concluderend kan te geheimzinnig zijn aanzienlijke uitdagingen opleveren voor nieuwe koppels, wat kan leiden tot wantrouwen, emotionele afstand en misverstanden. Door prioriteit te geven aan open communicatie, een veilige ruimte te creëren om te delen en gezamenlijke activiteiten te ondernemen, kunnen koppels transparantie bevorderen en hun emotionele verbinding versterken. Actief luisteren oefenen, kwesties van geheimhouding al vroeg aanpakken en externe steun zoeken, versterken het partnerschap verder. Uiteindelijk stelt het omarmen van het belang van openheid koppels in staat een liefdevolle, vertrouwensvolle relatie op te bouwen die in de loop van de tijd floreert.

Overmatige betrokkenheid van vrienden of familie

In elke romantische relatie kan de invloed van vrienden en familie zowel positief als negatief zijn. Hoewel steun van dierbaren cruciaal is voor persoonlijke groei en geluk, kan overmatige betrokkenheid van vrienden of familie spanning en druk creëren binnen de relatie. Nieuwe stellen bevinden zich vaak op de dunne lijn tussen gezonde steun en overmatige bemoeienis, wat kan leiden tot misverstanden, conflicten en wrok. Het begrijpen van de impact van overmatige betrokkenheid, het herkennen van de signalen en het implementeren van strategieën voor het handhaven van gezonde grenzen kan stellen helpen een sterkere relatie te cultiveren.

Een van de belangrijkste problemen met overbetrokkenheid is de mogelijke erosie van intimiteit tussen partners. Wanneer vrienden of familieleden buitensporig betrokken zijn bij de relatie van een koppel, kan dit een gevoel van indringing creëren dat de emotionele verbinding belemmert. Koppels kunnen merken dat ze persoonlijke zaken met anderen delen in plaats van rechtstreeks met elkaar te communiceren. Deze verschuiving in focus kan leiden tot gevoelens van isolatie en frustratie, omdat partners het gevoel kunnen hebben dat ze hun gedachten en emoties niet openlijk kunnen uiten zonder de invloed van externe partijen.

Bovendien kan overmatige betrokkenheid leiden tot miscommunicatie en misverstanden. Vrienden en familieleden hebben vaak hun eigen meningen, vooroordelen en agenda's, die hun oordeel kunnen vertroebelen en onenigheid kunnen veroorzaken. Een goedbedoelende vriend kan bijvoorbeeld ongevraagd advies geven op basis van hun ervaringen, waardoor een partner de intenties of beslissingen van de ander in twijfel trekt. Deze externe invloed kan scheuren in de relatie veroorzaken, waardoor partners zich defensief of onbegrepen voelen.

Een ander belangrijk gevolg van overbetrokkenheid is de kans op loyaliteitsconflicten. Wanneer partners zich onder druk gezet voelen om een kant te kiezen tussen hun partner en hun familie of vrienden, kan dat voor aanzienlijke spanning zorgen. Deze situatie kan leiden tot gevoelens van wrok en frustratie, omdat een van de partners zich in de steek gelaten of niet gesteund kan voelen. Dergelijke conflicten kunnen het vertrouwen en de loyaliteit binnen de relatie ondermijnen, waardoor een giftige omgeving ontstaat waarin beide partners het gevoel hebben dat ze zichzelf moeten verdedigen tegen externe meningen.

Bovendien kan overmatige betrokkenheid van vrienden en familie leiden tot een gebrek aan autonomie in de relatie. Partners kunnen te afhankelijk worden van externe meningen om beslissingen te nemen, waardoor hun vermogen om openlijk te communiceren en conflicten onafhankelijk op te lossen in gevaar komt. Deze afhankelijkheid kan persoonlijke groei onderdrukken en leiden tot een gevoel van ontevredenheid, omdat partners zich niet in staat kunnen voelen om hun ware verlangens en behoeften te uiten.

Het herkennen van de signalen van overbetrokkenheid is essentieel voor koppels die een gezonde relatie willen opbouwen. Een veelvoorkomende indicator is een gebrek aan privéruimte binnen de relatie. Als koppels merken dat ze persoonlijke zaken niet kunnen bespreken zonder vrienden of familie erbij te betrekken, kan dit wijzen op overmatige invloed van externe partijen. Dit gebrek aan privacy kan intimiteit en emotionele verbinding belemmeren, wat leidt tot gevoelens van isolement.

Een ander teken is een toename van externe meningen tijdens het nemen van beslissingen. Als koppels vaak advies vragen aan vrienden of familie in plaats van rechtstreeks met elkaar te communiceren, kan dit duiden op overbetrokkenheid. Hoewel het zoeken naar input nuttig kan zijn, moeten partners hun discussies en beslissingen prioriteren en ervoor zorgen dat ze centraal blijven staan in de relatie.

Om de neiging tot overbetrokkenheid tegen te gaan, moeten koppels prioriteit geven aan open communicatie en duidelijke grenzen stellen met vrienden en familie. Een effectieve strategie is om openhartige gesprekken te voeren over de rol van externe partijen in de relatie. Koppels moeten hun verwachtingen bespreken met betrekking tot betrokkenheid en steun van vrienden en familie, en ervoor zorgen dat beide partners zich gehoord en gerespecteerd voelen.

Bovendien is het essentieel voor koppels om een verenigd front te creëren bij het aanpakken van overbetrokkenheid. Partners moeten openlijk communiceren over hun gevoelens en samenwerken om grenzen te stellen aan externe partijen. Door een samenhangend standpunt te presenteren, kunnen koppels hun toewijding aan elkaar versterken en de impact van externe meningen minimaliseren.

Een ander belangrijk aspect van het handhaven van gezonde grenzen is om prioriteit te geven aan quality time samen. Koppels moeten een bewuste poging doen om tijd alleen door te brengen, vrij van de invloed van vrienden of familie. Deze tijd kan worden gebruikt voor diepe gesprekken, gedeelde activiteiten of gewoon om van elkaars gezelschap te genieten. Door hun emotionele verbinding te koesteren, kunnen koppels intimiteit bevorderen en ervoor zorgen dat zij de primaire focus van hun relatie blijven.

Daarnaast moeten koppels deelnemen aan discussies over probleemoplossing. Wanneer er conflicten ontstaan, moeten partners samenwerken om problemen direct aan te pakken in plaats van input te vragen van vrienden of familie. Deze aanpak moedigt open communicatie aan en bevordert een gevoel van teamwerk, wat uiteindelijk de relatie versterkt. Door te leren om samen met uitdagingen om te gaan, kunnen partners gezondere patronen van communicatie en conflictoplossing ontwikkelen.

Bovendien kan het nuttig zijn voor partners om de hoeveelheid persoonlijke informatie die ze delen met vrienden en familie te beperken. Hoewel steun essentieel is, kan overmatig delen leiden tot ongevraagd advies en meningen die mogelijk niet overeenkomen met de waarden of doelen van het koppel. Koppels moeten zich gesterkt voelen om grenzen te stellen aan wat ze ervoor kiezen om te onthullen, zodat hun relatie privé en intiem blijft.

Een andere strategie om overbetrokkenheid te beheren is om onafhankelijkheid binnen de relatie te bevorderen. Partners moeten elkaar aanmoedigen om individuele interesses, vriendschappen en hobby's na te streven. Door hun persoonlijke groei te koesteren, kunnen koppels een evenwichtige dynamiek creëren die de afhankelijkheid van externe partijen voor validatie en ondersteuning vermindert. Deze onafhankelijkheid kan ook een sterkere emotionele verbinding bevorderen, omdat partners zich zekerder voelen in zichzelf en hun relatie.

Bovendien kan het zoeken naar professionele ondersteuning nuttig zijn voor stellen die worstelen met problemen van overbetrokkenheid. Relatietherapie kan een veilige ruimte bieden voor partners om hun gevoelens te onderzoeken, communicatievaardigheden te verbeteren en onderliggende problemen aan te pakken die kunnen bijdragen aan externe inmenging. Een therapeut kan waardevolle inzichten en hulpmiddelen bieden voor het bevorderen van gezondere grenzen, wat uiteindelijk de relatie verbetert.

Concluderend kan overmatige betrokkenheid van vrienden of familie aanzienlijke uitdagingen vormen voor nieuwe koppels, wat kan leiden tot misverstanden, emotionele afstand en conflicten. Door prioriteit te geven aan open communicatie, duidelijke grenzen te stellen en quality time samen te bevorderen, kunnen koppels de impact van externe invloed minimaliseren en hun emotionele band versterken. Door deel te nemen aan probleemoplossende discussies, het beperken van gedeelde persoonlijke informatie en het koesteren van onafhankelijkheid, wordt het partnerschap verder versterkt. Uiteindelijk stelt het omarmen van het belang van het handhaven van gezonde grenzen koppels in staat om een liefdevolle, ondersteunende relatie op te bouwen die in de loop van de tijd floreert.

Geen evenwicht tussen intimiteit en ruimte

In het domein van romantische relaties is het bereiken van een gezonde balans tussen intimiteit en persoonlijke ruimte cruciaal voor succes en tevredenheid op de lange termijn. Nieuwe koppels bevinden zich vaak in een delicate dans, waarbij ze proberen de nabijheid die intimiteit met zich meebrengt te navigeren en tegelijkertijd de behoefte aan individuele ruimte en autonomie te respecteren. Als ze deze balans niet vinden, kan dat leiden tot gevoelens van verstikking, wrok en zelfs burn-out, wat uiteindelijk de levensduur van de relatie in gevaar brengt. Het begrijpen van het belang van het in evenwicht brengen van intimiteit en ruimte, het herkennen van de tekenen van onevenwichtigheid en het implementeren van effectieve strategieën kan koppels helpen een harmonieuzer partnerschap te cultiveren.

Intimiteit is essentieel in elke romantische relatie. Het omvat emotionele nabijheid, fysieke genegenheid en een gevoel van verbondenheid dat vertrouwen en kwetsbaarheid bevordert. Echter, als nieuwe koppels de opwinding en passie van hun verbinding ervaren, kunnen ze onbedoeld overhaast in overmatige intimiteit storten. Dit kan zich manifesteren als constante communicatie, elk wakker moment samen doorbrengen of sterk op elkaar vertrouwen voor emotionele steun. Hoewel dit gedrag voort kan komen uit liefde en genegenheid, kan het snel leiden tot gevoelens van overweldiging en een verlies van individualiteit.

Aan de andere kant is de behoefte aan persoonlijke ruimte net zo belangrijk. Elke partner heeft zijn eigen interesses, hobby's en sociale kringen die bijdragen aan hun gevoel van eigenwaarde en vervulling. Wanneer individuen zich verstikt voelen door de verwachtingen of eisen van hun partner voor nabijheid, kunnen ze zich terugtrekken, wat leidt tot emotionele afstand en conflict. Door de juiste balans te vinden tussen intimiteit en ruimte kunnen partners zowel individueel als collectief groeien, wat een gezonde en duurzame relatie bevordert.

Een belangrijk gevolg van het niet in balans brengen van intimiteit en ruimte is het risico op afhankelijkheid. Wanneer koppels te veel verstrengeld raken, kan een van de partners te veel op de ander gaan vertrouwen voor bevestiging, steun en geluk. Deze overmatige afhankelijkheid kan leiden tot een ongezonde dynamiek waarbij de ene persoon zich verantwoordelijk voelt voor het emotionele welzijn van de ander, wat belastend kan zijn en wrok kan creëren. Wanneer partners daarentegen hun individualiteit en persoonlijke interesses behouden, kunnen ze elkaar steunen en tegelijkertijd hun eigen groei en vervulling koesteren.

Bovendien kan een onevenwicht tussen intimiteit en ruimte leiden tot gevoelens van verstikking of gevangenschap. Een partner kan zich overweldigd gaan voelen door de constante aanwezigheid of verwachtingen van de ander, wat leidt tot frustratie en conflict. Dit gevoel van "te dichtbij" zijn kan ervoor zorgen dat individuen zich emotioneel of fysiek terugtrekken, wat resulteert in een terugtrekking uit de relatie. Bijgevolg kan deze terugtrekking misverstanden en gevoelens van afwijzing creëren, wat de emotionele afstand verder verergert.

Bovendien, wanneer koppels intimiteit prioriteit geven ten koste van persoonlijke ruimte, kunnen ze het belang van zelfzorg en individuele bezigheden over het hoofd zien. Het onderhouden van persoonlijke interesses en vriendschappen buiten de relatie is essentieel voor persoonlijke groei en welzijn. Wanneer partners hun individuele identiteit verwaarlozen, kunnen ze zich verloren of wrokkig voelen, wat leidt tot ontevredenheid binnen de relatie.

Het herkennen van de signalen van een onevenwicht tussen intimiteit en ruimte is essentieel voor koppels die een gezonde relatie willen bevorderen. Een veelvoorkomende indicator is een gebrek aan persoonlijke tijd. Als een van de partners het gevoel heeft dat ze weinig gelegenheid hebben om solo-activiteiten te ondernemen of onafhankelijk tijd door te brengen met vrienden, kan dit duiden op een ongezond niveau van verstrengeling. Partners moeten zich op hun gemak voelen bij het nastreven van hun eigen interesses en hobby's zonder schuldgevoel of druk van de ander.

Een ander teken is toegenomen spanning of conflict. Als koppels vaak ruzie maken over het doorbrengen van te veel of te weinig tijd samen, kan dit duiden op een onevenwicht tussen intimiteit en ruimte. Deze conflicten kunnen ontstaan door onvervulde behoeften of miscommunicatie over verwachtingen, wat de noodzaak van een open en eerlijke dialoog benadrukt.

Om de neiging tot onevenwichtigheid tegen te gaan, moeten koppels prioriteit geven aan open communicatie over hun behoeften en verlangens met betrekking tot intimiteit en ruimte. Een effectieve strategie is om regelmatig in te checken, waarbij beide partners hun gevoelens over de huidige staat van hun relatie kunnen uiten. Deze praktijk moedigt kwetsbaarheid aan en bevordert een dieper begrip van elkaars behoeften, waardoor koppels potentiële problemen kunnen aanpakken voordat ze escaleren.

Bovendien is het essentieel voor partners om grenzen te stellen rondom persoonlijke ruimte. Dit houdt in dat er wordt gesproken en overeenstemming wordt bereikt over de hoeveelheid tijd die elke partner nodig heeft voor individuele bezigheden. Door deze grenzen te respecteren, kunnen koppels ervoor zorgen dat ze allebei de kans krijgen om op te laden en hun interesses na te streven zonder schuldgevoelens of wrok.

Bovendien zouden koppels het idee van kwaliteit boven kwantiteit moeten omarmen als het gaat om intimiteit. In plaats van prioriteit te geven aan constant samenzijn, kunnen partners zich richten op het creëren van betekenisvolle ervaringen tijdens de tijd die ze samen doorbrengen. Deze aanpak moedigt diepere emotionele verbindingen aan en bevordert een gevoel van waardering voor elkaars aanwezigheid.

Deelnemen aan gedeelde activiteiten, diepe gesprekken voeren en genegenheid op doordachte manieren uiten, kan intimiteit versterken zonder dat dit ten koste gaat van individuele behoeften aan ruimte.

Een andere nuttige strategie is om onafhankelijkheid binnen de relatie te cultiveren. Partners moeten elkaar aanmoedigen om persoonlijke interesses, vriendschappen en hobby's na te streven. Door een gevoel van onafhankelijkheid te bevorderen, kunnen koppels afhankelijkheid voorkomen en persoonlijke groei bevorderen. Deze onafhankelijkheid kan leiden tot een gezondere dynamiek, omdat partners zich meer vervuld en zelfverzekerd voelen in hun identiteit, wat uiteindelijk de relatie verrijkt.

Daarnaast is het beoefenen van zelfzorg essentieel om een balans te behouden tussen intimiteit en ruimte. Elke partner zou prioriteit moeten geven aan zijn of haar welzijn, of dat nu door middel van lichaamsbeweging, mindfulness of het nastreven van hobby's is. Wanneer individuen voor zichzelf zorgen, kunnen ze positiever bijdragen aan de relatie, wat een gevoel van vervulling en geluk in de relatie brengt.

Bovendien kan het nuttig zijn om gezamenlijke activiteiten te ondernemen die zowel intimiteit als individuele ruimte bieden. Zo kunnen koppels samen hobby's beoefenen en tegelijkertijd momenten van individuele expressie creëren. Deze aanpak stelt partners in staat om een band te creëren terwijl ze elkaars behoefte aan ruimte en autonomie respecteren.

Bovendien kan het zoeken naar externe steun nuttig zijn voor stellen die de balans tussen intimiteit en ruimte zoeken. Relatietherapie kan een veilige ruimte bieden voor partners om hun gevoelens te onderzoeken, communicatievaardigheden te verbeteren en onderliggende problemen aan te pakken die kunnen bijdragen aan onevenwichtigheden. Een therapeut kan waardevolle inzichten en hulpmiddelen bieden voor het bevorderen van gezonde grenzen, wat uiteindelijk de relatie verbetert.

Concluderend kan het niet in evenwicht brengen van intimiteit en ruimte aanzienlijke uitdagingen opleveren voor nieuwe koppels, wat kan leiden tot afhankelijkheid, conflicten en emotionele afstand. Door prioriteit te geven aan open communicatie, grenzen te stellen en kwaliteit boven kwantiteit te omarmen, kunnen koppels een gezonde balans cultiveren die zowel intimiteit als individualiteit koestert. Het aanmoedigen van onafhankelijkheid, het beoefenen van zelfzorg en het deelnemen aan gezamenlijke activiteiten versterken het partnerschap verder. Uiteindelijk stelt het omarmen van het belang van het behouden van deze balans koppels in staat om een liefdevolle, ondersteunende relatie op te bouwen die in de loop van de tijd floreert.

Te veel nadruk op fysieke aantrekkingskracht

Fysieke aantrekkingskracht dient vaak als de eerste vonk in veel romantische relaties, trekt partners samen en ontsteekt gevoelens van verlangen en opwinding. Wanneer koppels echter te veel nadruk leggen op fysieke aantrekkingskracht ten koste van emotionele connectie, compatibiliteit en gedeelde waarden, lopen ze het risico een relatie op te bouwen die oppervlakkig en onhoudbaar is. Nieuwe koppels moeten het belang erkennen van het in evenwicht brengen van fysieke aantrekkingskracht met diepere emotionele en intellectuele connecties om een gezonde, langdurige relatie te cultiveren.

De aantrekkingskracht van fysieke aantrekkingskracht is onmiskenbaar. De opwinding die voortkomt uit fysieke chemie kan intense gevoelens van verliefdheid en passie creëren, waardoor partners zich voornamelijk op elkaars uiterlijk richten. Hoewel aantrekkingskracht een essentieel aspect is van romantische relaties, is het cruciaal om te begrijpen dat het niet de enige basis is waarop een gezonde relatie kan gedijen. Te veel nadruk leggen op fysieke aantrekkingskracht kan een nauwe focus creëren die andere kritische dimensies van intimiteit verwaarloost, zoals emotionele steun, intellectuele compatibiliteit en gedeelde waarden.

Een belangrijk gevolg van het overbenadrukken van fysieke aantrekkingskracht is de mogelijkheid van objectivering. Wanneer partners buitensporig veel belang hechten aan elkaars fysieke verschijning, kunnen ze elkaar gaan zien als objecten van verlangen in plaats van als complete individuen met unieke persoonlijkheden, gedachten en gevoelens. Deze objectivering kan emotionele intimiteit belemmeren, omdat partners zich meer zorgen kunnen maken over hoe ze worden waargenomen of gewaardeerd op basis van hun uiterlijk in plaats van het bevorderen van een diepere verbinding op basis van wederzijds respect en begrip.

Bovendien kan het leiden tot onrealistische verwachtingen wanneer fysieke aantrekkingskracht de primaire focus van een relatie wordt. Partners kunnen een geïdealiseerde versie van elkaar ontwikkelen die uitsluitend gebaseerd is op fysieke kenmerken, wat leidt tot teleurstelling wanneer de realiteit van het dagelijks leven zich aandient. Naarmate de tijd verstrijkt, verandert het fysieke uiterlijk op natuurlijke wijze door veroudering, stress of gezondheidsproblemen. Als partners hun verbinding voornamelijk op uiterlijk hebben gebouwd, kunnen ze moeite hebben om de relatie in stand te houden wanneer ze worden geconfronteerd met veranderingen in het fysieke uiterlijk. Deze nadruk op fysiek kan een fragiele basis creëren, waardoor het voor koppels moeilijk wordt om samen uitdagingen aan te gaan.

Bovendien kan het overdrijven van fysieke aantrekkingskracht andere belangrijke aspecten van compatibiliteit overschaduwen. Hoewel fysieke chemie onmiskenbaar belangrijk is, zou het niet de enige factor moeten zijn die de relatie stuurt. Emotionele compatibiliteit, gedeelde interesses en afgestemde waarden zijn essentieel voor succes op de lange termijn. Wanneer koppels fysieke aantrekkingskracht prioriteit geven, kunnen ze potentiële rode vlaggen of onverenigbaarheden op deze gebieden over het hoofd zien. Partners kunnen zich bijvoorbeeld in een relatie bevinden die effectieve communicatie, gedeelde doelen of wederzijdse steun mist, wat na verloop van tijd leidt tot ontevredenheid en conflicten.

Bovendien kan een overmatige focus op fysieke aantrekkingskracht leiden tot gevoelens van ontoereikendheid of onzekerheid. Wanneer partners voortdurend hun waarde beoordelen op basis van hun fysieke verschijning, kan dit een omgeving van competitie en vergelijking creëren. Deze ongezonde dynamiek kan jaloezie en wrok kweken, waardoor vertrouwen en emotionele intimiteit worden ondermijnd.

Partners kunnen zich onder druk gezet voelen om een bepaald uiterlijk te behouden of voortdurend bevestiging van elkaar te zoeken, wat leidt tot stress en ontevredenheid binnen de relatie.

Het herkennen van de signalen van overmatige nadruk op fysieke aantrekkingskracht is essentieel voor koppels die een diepere connectie willen opbouwen. Een veelvoorkomende indicator is een gebrek aan emotionele diepgang in gesprekken. Als partners merken dat ze vaak fysieke kenmerken bespreken of oppervlakkige interacties aangaan zonder dieper in te gaan op onderwerpen, kan dit duiden op een overmatige nadruk op uiterlijk. Gesprekken die zich uitsluitend richten op uiterlijk kunnen emotionele connectie en intimiteit belemmeren.

Een ander teken is het verwaarlozen van emotionele steun. Als een of beide partners moeite hebben om emotionele steun te bieden of te zoeken in moeilijke tijden, kan dit erop duiden dat de relatie te veel gericht is op fysieke aantrekkingskracht. Emotionele intimiteit is een essentieel onderdeel van een succesvol partnerschap, en een gebrek daaraan kan leiden tot gevoelens van isolatie en ontevredenheid.

Om de neiging om fysieke aantrekkingskracht te overdrijven tegen te gaan, moeten koppels prioriteit geven aan het opbouwen van emotionele en intellectuele verbindingen. Een effectieve strategie is om zinvolle gesprekken te voeren die ingaan op de waarden, overtuigingen en levenservaringen van elke partner. Door elkaars gedachten en gevoelens te onderzoeken, kunnen koppels hun begrip van elkaar verdiepen, wat een sterkere emotionele band bevordert.

Bovendien is het essentieel voor partners om elkaars individualiteit te vieren, voorbij het fysieke uiterlijk. Partners moeten elkaar aanmoedigen om hun interesses en passies na te jagen, en zo een omgeving te creëren die persoonlijke groei waardeert. Wanneer koppels elkaar waarderen om hun unieke kwaliteiten en bijdragen, kunnen ze een gevoel van bewondering kweken dat verder reikt dan fysieke aantrekkingskracht.

Een ander belangrijk aspect van het koesteren van een evenwichtige relatie is het focussen op gedeelde ervaringen. Koppels moeten prioriteit geven aan het doorbrengen van quality time samen, en het ondernemen van activiteiten die emotionele connectie en binding bevorderen. Of het nu gaat om het ontdekken van nieuwe hobby's, het maken van trips of gewoon het genieten van rustige momenten samen, deze gedeelde ervaringen kunnen blijvende herinneringen creëren die de relatie verdiepen.

Bovendien kan het beoefenen van dankbaarheid helpen om de focus te verschuiven van fysieke verschijning naar emotionele verbinding. Koppels zouden regelmatig hun waardering voor elkaar moeten uiten, en de kwaliteiten die ze bewonderen erkennen die verder gaan dan fysieke kenmerken. Deze praktijk versterkt emotionele intimiteit en bevordert een dieper gevoel van verbinding en wederzijds respect.

Bovendien zouden koppels activiteiten moeten ondernemen die emotionele en intellectuele intimiteit bevorderen. Dit kan het samen lezen van boeken, het bespreken van actuele gebeurtenissen of het bijwonen van workshops zijn die persoonlijke groei aanmoedigen. Door een cultuur van leren en verkennen binnen de relatie te bevorderen, kunnen koppels hun verbinding verdiepen en een steviger fundament voor hun partnerschap creëren.

Een andere strategie om de nadruk op fysieke aantrekkingskracht aan te pakken, is om regelmatig aan zelfreflectie te doen. Partners moeten de tijd nemen om hun motivaties voor de relatie en de kwaliteiten die ze echt waarderen in elkaar te evalueren. Deze reflectie kan individuen helpen het belang van emotionele en intellectuele compatibiliteit te erkennen, wat uiteindelijk leidt tot een gezonder perspectief op de relatie.

Bovendien kan het zoeken naar externe steun nuttig zijn voor stellen die problemen hebben met betrekking tot fysieke aantrekkingskracht. Relatietherapie kan een veilige ruimte bieden voor partners om hun gevoelens te onderzoeken, communicatievaardigheden te verbeteren en onderliggende problemen aan te pakken die kunnen bijdragen aan een te grote nadruk op fysiek. Een therapeut kan waardevolle inzichten en hulpmiddelen bieden om een evenwichtigere benadering van intimiteit te bevorderen.

Concluderend kan het overbenadrukken van fysieke aantrekkingskracht aanzienlijke uitdagingen opleveren voor nieuwe koppels, wat leidt tot objectificatie, onrealistische verwachtingen en een gebrek aan emotionele diepgang. Door emotionele en intellectuele verbindingen te prioriteren, individualiteit te vieren en te focussen op gedeelde ervaringen, kunnen koppels een diepere band cultiveren die verder reikt dan fysieke verschijning. Dankbaarheid beoefenen, deelnemen aan activiteiten die intimiteit bevorderen en zelfreflectie bevorderen, versterken het partnerschap verder. Uiteindelijk stelt het omarmen van het belang van het in evenwicht brengen van fysieke aantrekkingskracht met emotionele verbinding koppels in staat om een liefdevolle, vervullende relatie op te bouwen die in de loop van de tijd floreert.

Elkaars dromen niet ondersteunen

In elke romantische relatie is het ondersteunen van elkaars dromen en aspiraties essentieel om wederzijdse groei te bevorderen en emotionele verbindingen te verdiepen. Vooral nieuwe koppels kunnen hiermee worstelen, omdat ze zich vaak richten op de relatie zelf en de individuele ambities en doelen van hun partners verwaarlozen. Wanneer koppels elkaars dromen niet ondersteunen, kan dit leiden tot gevoelens van wrok, ontkoppeling en ontevredenheid, wat uiteindelijk de basis van de relatie ondermijnt. Het begrijpen van het belang van wederzijdse steun, het herkennen van de tekenen van verwaarlozing en het implementeren van effectieve strategieën kan koppels helpen een meer empowerment en vervullende relatie te koesteren.

Elkaars dromen ondersteunen is meer dan alleen aanmoediging; het vereist actieve betrokkenheid, begrip en een bereidheid om tijd en energie te investeren in elkaars aspiraties. Wanneer partners zich gesteund voelen, is de kans groter dat ze zowel individueel als collectief floreren. Deze steun kan zich op verschillende manieren manifesteren, zoals het bijwonen van evenementen, het geven van constructieve feedback of gewoon een klankbord zijn voor ideeën en uitdagingen. Wanneer partners dit cruciale aspect echter verwaarlozen, kan dit een omgeving van emotionele afstand creëren, wat leidt tot ontevredenheid en conflicten.

Een van de belangrijkste gevolgen van het niet ondersteunen van elkaars dromen is de mogelijkheid van gevoelens van ontoereikendheid. Wanneer een partner zijn doelen nastreeft zonder aanmoediging of erkenning van de ander, kan dit een gevoel van isolatie en onvervulling creëren. De niet-ondersteunde partner kan beginnen te twijfelen aan zijn waarde in de relatie, wat leidt tot gevoelens van wrok en teleurstelling. Deze emotionele afstand kan de basis van vertrouwen en intimiteit ondermijnen, waardoor het voor koppels moeilijk wordt om op een betekenisvolle manier verbinding te maken.

Bovendien kan het, wanneer partners elkaars aspiraties niet ondersteunen, leiden tot een gebrek aan groei en stagnatie in de relatie. Elke persoon brengt unieke dromen en doelen mee naar de relatie, en wanneer deze aspiraties worden verwaarloosd, kan dit een onevenwicht creëren. Eén partner kan zich onvervuld voelen, wat leidt tot frustratie en ontkoppeling. Deze dynamiek kan ertoe leiden dat één partner het gevoel heeft dat hij/zij de last van de relatie draagt, terwijl de ander zich verwaarloosd en niet gewaardeerd kan voelen.

Bovendien kan een gebrek aan steun wrok en jaloezie in de hand werken. Wanneer een van de partners het gevoel heeft dat zijn of haar dromen niet worden gewaardeerd of geprioriteerd, kan dit leiden tot gevoelens van competitie in plaats van samenwerking. Deze ongezonde dynamiek kan spanning en conflict veroorzaken, omdat partners negatieve gevoelens jegens elkaar kunnen gaan koesteren in plaats van hun individuele successen te vieren. Na verloop van tijd kan deze wrok de emotionele verbinding en het vertrouwen die essentieel zijn voor een bloeiende relatie, ondermijnen.

Het herkennen van de signalen van verwaarlozing van wederzijdse steun is cruciaal voor koppels die hun partnerschap willen versterken. Een veelvoorkomende indicator is een gebrek aan interesse in elkaars doelen en aspiraties. Als partners merken dat ze zelden over hun dromen praten of niet naar elkaars voortgang vragen, kan dit duiden op een ontkoppeling. Dit gebrek aan communicatie kan emotionele intimiteit belemmeren en gevoelens van isolatie creëren.

Een ander teken is de afwezigheid van aanmoediging of erkenning. Als een partner consequent zijn doelen nastreeft zonder steun of erkenning van de ander te ontvangen, kan dit duiden op een gebrek aan investering in de relatie. Partners moeten elkaars prestaties actief vieren, hoe klein ook, om een cultuur van wederzijdse steun en waardering te bevorderen.

Om de neiging om elkaars dromen te verwaarlozen tegen te gaan, moeten koppels prioriteit geven aan open communicatie over hun doelen en aspiraties. Regelmatige check-ins kunnen een ruimte bieden voor partners om hun dromen, uitdagingen en vooruitgang te bespreken. Deze praktijk moedigt kwetsbaarheid aan en bevordert een dieper begrip van elkaars behoeften, wat uiteindelijk de relatie versterkt.

Bovendien is het essentieel dat partners actief luisteren wanneer ze elkaars doelen bespreken. Dit houdt niet alleen in dat je de woorden hoort, maar ook dat je de emoties en motivaties erachter begrijpt. Door oprechte interesse en empathie te tonen, kunnen koppels een ondersteunende omgeving creëren die elkaar aanmoedigt om hun aspiraties na te streven.

Een ander belangrijk aspect van het ondersteunen van elkaars dromen is het bieden van praktische assistentie. Partners moeten bereid zijn om een helpende hand te bieden, of dat nu is door te brainstormen over ideeën, het verstrekken van middelen of gewoon aanwezig te zijn tijdens belangrijke mijlpalen. Deze actieve betrokkenheid toont toewijding en versterkt het idee dat beide partners geïnvesteerd zijn in elkaars succes.

Bovendien moeten koppels een sfeer van feestvieren creëren. Wanneer een van de partners een doel bereikt, moet de ander moeite doen om hun succes te vieren, ongeacht hoe klein het ook lijkt. Deze praktijk versterkt niet alleen de band tussen partners, maar creëert ook een positieve feedbackloop, waardoor elke persoon gemotiveerd wordt om zijn of haar dromen te blijven nastreven.

Bovendien kan het voor koppels voordelig zijn om samen doelen te stellen. Door individuele aspiraties te bespreken en deze af te stemmen op gedeelde doelen, kunnen partners een gevoel van teamwerk en samenwerking creëren. Deze afstemming bevordert een diepere emotionele verbinding en versterkt het idee dat beide individuen toegewijd zijn aan elkaars succes.

Bovendien moeten koppels elkaar actief aanmoedigen om buiten hun comfortzone te stappen. Risico's nemen en dromen najagen vereist vaak moed, en een ondersteunende partner kan het verschil maken. Partners moeten elkaar motiveren om nieuwe kansen te omarmen, zelfs als dat betekent dat ze voor uitdagingen of onzekerheden komen te staan.

Daarnaast kan het zoeken naar externe ondersteuning nuttig zijn voor stellen die de uitdagingen van wederzijdse ondersteuning trotseren. Relatietherapie kan een veilige ruimte bieden voor partners om hun gevoelens te onderzoeken, communicatievaardigheden te verbeteren en onderliggende problemen aan te pakken die kunnen bijdragen aan het verwaarlozen van elkaars dromen. Een therapeut kan waardevolle inzichten en hulpmiddelen bieden voor het bevorderen van een meer ondersteunende en empowerende relatie.

Concluderend kan het falen om elkaars dromen te ondersteunen een grote uitdaging vormen voor nieuwe koppels, wat leidt tot gevoelens van ontoereikendheid, wrok en stagnatie. Door prioriteit te geven aan open communicatie, actief betrokken te zijn bij elkaars aspiraties en een sfeer van viering en aanmoediging te creëren, kunnen koppels een meer bekrachtigende en vervullende relatie cultiveren. Het omarmen van het belang van wederzijdse steun stelt partners in staat om individueel en collectief te groeien, en uiteindelijk een liefdevol en veerkrachtig partnerschap op te bouwen dat in de loop van de tijd floreert.

Stress van buitenaf de relatie laten beïnvloeden

Tijdens het opbouwen van een romantische relatie kunnen externe stressoren de dynamiek tussen partners aanzienlijk beïnvloeden. Van werkgerelateerde druk tot familieverplichtingen en financiële zorgen, stress van buitenaf kan een relatie binnendringen, wat leidt tot misverstanden, conflicten en emotionele afstand. Voor nieuwe stellen kan de opwinding van een ontluikende romance snel omslaan in spanning en frustratie als ze de externe druk waarmee ze worden geconfronteerd niet effectief beheersen. Begrijpen hoe stress van buitenaf relaties beïnvloedt, de tekenen van spanning herkennen en strategieën implementeren om met deze uitdagingen om te gaan, kan stellen helpen een gezondere, veerkrachtigere relatie te koesteren.

Stress is een onvermijdelijk onderdeel van het leven. Iedereen ervaart het en het kan voortkomen uit verschillende bronnen, waaronder werkeisen, gezondheidsproblemen, familieverantwoordelijkheden en persoonlijke uitdagingen. Wanneer individuen onder stress staan, kunnen hun emotionele en mentale toestanden negatief worden beïnvloed, waardoor het moeilijker wordt om constructieve communicatie te voeren en intimiteit te bevorderen. Voor koppels kan dit leiden tot verhoogde prikkelbaarheid, miscommunicatie en zelfs terugtrekking, wat resulteert in een verbreking van de verbinding.

Een van de belangrijkste gevolgen van het toestaan dat externe stress de relatie beïnvloedt, is de kans op miscommunicatie. Stress kan het oordeel vertroebelen en percepties verdraaien, waardoor partners elkaars woorden en daden verkeerd interpreteren. Bijvoorbeeld, een partner die te maken heeft met een werksituatie met hoge druk kan thuiskomen met een gevoel van overweldiging en kort lontje. In zo'n staat kunnen ze defensief reageren op een ogenschijnlijk onschuldige opmerking van hun partner, wat leidt tot onnodig conflict. Misverstanden die voortkomen uit stress kunnen een cyclus van schuld en wrok creëren, wat een wig drijft tussen partners.

Bovendien kan stress van buitenaf leiden tot emotionele terugtrekking. Wanneer mensen overweldigd zijn, kunnen ze zich terugtrekken en de behoefte voelen om hun uitdagingen alleen aan te pakken. Deze terugtrekking kan ertoe leiden dat hun partner zich verwaarloosd of onbelangrijk voelt, wat gevoelens van isolatie en ontevredenheid binnen de relatie verder kan verergeren. Als een partner zich consequent terugtrekt tijdens stressvolle tijden, kan dit een onevenwicht creëren waarbij de andere partner zich niet gesteund en ondergewaardeerd voelt.

Bovendien kan externe stress leiden tot gedragsveranderingen die een negatieve impact hebben op de relatie. Stress kan zich op verschillende manieren manifesteren, waaronder prikkelbaarheid, frustratie en vermoeidheid. Deze veranderingen kunnen van invloed zijn op de manier waarop partners met elkaar omgaan, wat leidt tot meer ruzies en een algemeen gevoel van ontevredenheid. Wanneer partners gepreoccupeerd zijn met externe stressoren, kunnen ze onbedoeld hun relatie verwaarlozen, waardoor deze gespannen en afstandelijk wordt.

Het herkennen van de signalen van externe stress die de relatie beïnvloedt, is essentieel voor koppels die een gezonde relatie willen behouden. Een veelvoorkomende indicator is een afname in communicatie. Als partners merken dat ze minder praten of diepere gesprekken vermijden, kan dit erop duiden dat stress zijn tol eist. Een gebrek aan open dialoog kan leiden tot misverstanden en een gevoel van emotionele ontkoppeling, waardoor het voor koppels noodzakelijk is om communicatie prioriteit te geven in stressvolle tijden.

Een ander teken is toegenomen spanning of conflict. Als koppels vaker ruzie hebben of het oneens zijn over kleine problemen, kan dit erop duiden dat externe stress hun relatie beïnvloedt. Deze toegenomen spanning kan een cyclus van negativiteit creëren, waarbij partners steeds meer gefrustreerd raken over elkaar in plaats van de onderliggende stressoren aan te pakken.

Om de impact van externe stress op de relatie tegen te gaan, moeten koppels prioriteit geven aan open communicatie over hun gevoelens en ervaringen. Regelmatig bij elkaar inchecken kan een veilige ruimte creëren voor partners om hun zorgen en uitdagingen te uiten, waardoor ze elkaar kunnen steunen in moeilijke tijden. Door hun gevoelens te bespreken, kunnen partners elkaars perspectieven beter begrijpen en samenwerken om externe stressoren te navigeren.

Bovendien is het essentieel dat partners actief luisteren tijdens deze gesprekken. Dit houdt niet alleen in dat je elkaars woorden hoort, maar ook dat je probeert de emoties en motivaties erachter te begrijpen. Wanneer partners zich gehoord en gevalideerd voelen, bevordert dit een gevoel van verbondenheid en emotionele intimiteit, waardoor het makkelijker wordt om externe uitdagingen samen aan te pakken.

Een andere effectieve strategie is om grenzen te stellen rondom externe stress. Koppels moeten erkennen dat hoewel externe druk onvermijdelijk is, deze niet de dynamiek van de relatie hoeft te bepalen. Dit kan betekenen dat er specifieke tijden worden vastgesteld om stressvolle onderwerpen te bespreken of dat er speciale 'unplugged'-periodes worden gecreëerd waarin partners zich uitsluitend op elkaar richten, zonder afleiding van externe stressoren. Door deze grenzen te stellen, kunnen koppels voorkomen dat hun relatie overweldigd wordt door externe druk.

Daarnaast is het beoefenen van zelfzorg, individueel en als koppel, cruciaal voor het omgaan met externe stress. Elke partner moet prioriteit geven aan zijn welzijn door deel te nemen aan activiteiten die ontspanning en mentale gezondheid bevorderen. Dit kan beweging, mindfulness-oefeningen, hobby's of tijd doorbrengen met vrienden omvatten. Wanneer individuen prioriteit geven aan zelfzorg, zijn ze beter toegerust om met stress om te gaan en een positieve instelling binnen de relatie te behouden.

Bovendien zouden koppels gezamenlijke activiteiten moeten ondernemen die de band en verbinding bevorderen. Of het nu gaat om samen koken, wandelen of genieten van date nights, deze activiteiten kunnen een broodnodige afleiding bieden van stress van buitenaf. Samen leuke ervaringen opdoen helpt koppels om weer contact te maken en hun emotionele band te versterken, waardoor het makkelijker wordt om uitdagingen als team te overwinnen.

Een ander belangrijk aspect van het omgaan met externe stress is het ontwikkelen van copingstrategieën als koppel. Partners kunnen samenwerken om gezonde manieren te vinden om met stress om te gaan, zoals het creëren van een ondersteuningssysteem, het oplossen van problemen of het zoeken van professionele hulp wanneer dat nodig is. Door samen te werken aan copingstrategieën kunnen koppels een gevoel van teamwerk en solidariteit bevorderen, wat hun toewijding aan elkaar versterkt.

Bovendien kan het zoeken naar externe steun nuttig zijn voor stellen die te maken hebben met uitdagingen die verband houden met stress van buitenaf. Relatietherapie of counseling kan een veilige ruimte bieden voor partners om hun gevoelens te onderzoeken, communicatievaardigheden te verbeteren en onderliggende problemen aan te pakken die verergerd kunnen worden door externe druk. Een therapeut kan waardevolle inzichten en tools bieden voor het omgaan met stress en tegelijkertijd een gezonde relatie te behouden.

Concluderend kan het toestaan dat externe stress de relatie beïnvloedt, aanzienlijke uitdagingen vormen voor nieuwe stellen, wat leidt tot miscommunicatie, emotionele terugtrekking en verhoogde spanning. Door prioriteit te geven aan open communicatie, grenzen te stellen, zelfzorg te beoefenen en deel te nemen aan gedeelde activiteiten, kunnen stellen een gezonde relatie koesteren die bestand is tegen externe druk. Het omarmen van het belang van teamwork en ondersteuning stelt partners in staat om samen uitdagingen aan te gaan, wat uiteindelijk leidt tot een veerkrachtige en vervullende relatie die in de loop van de tijd floreert.

Niet naar elkaar luisteren

Effectieve communicatie is de hoeksteen van elke succesvolle relatie, en luisteren speelt een cruciale rol in dat proces. Voor nieuwe koppels kan de opwinding van een ontluikende romance soms het belang van actief luisteren overschaduwen, wat leidt tot misverstanden, gekwetste gevoelens en emotionele afstand. Wanneer partners niet echt naar elkaar luisteren, kan dit een cyclus van frustratie en ontkoppeling creëren, wat de basis van hun relatie ondermijnt. Het erkennen van het belang van luisteren, het begrijpen van de veelvoorkomende valkuilen en het implementeren van strategieën om de communicatie te verbeteren, kan koppels helpen een diepere verbinding en een meer vervullende relatie te cultiveren.

In de kern gaat luisteren over meer dan alleen het horen van woorden; het omvat het begrijpen, valideren en empathie tonen voor de gedachten en gevoelens van een partner. Actief luisteren vereist aandacht, focus en een oprechte interesse in wat de ander zegt. Wanneer partners actief luisteren, creëren ze een veilige ruimte voor open dialoog, wat intimiteit en vertrouwen bevordert. Wanneer koppels deze essentiële vaardigheid echter verwaarlozen, kan dit leiden tot gevoelens van ongehoord, ondergewaardeerd en afgesloten zijn.

Een van de belangrijkste gevolgen van het niet naar elkaar luisteren is de kans op misverstanden. Wanneer partners niet volledig deelnemen aan gesprekken, missen ze mogelijk belangrijke context of nuances in elkaars woorden. Dit gebrek aan begrip kan leiden tot verkeerde interpretaties, waardoor de ene partner zich beledigd of gekwetst voelt, terwijl de ander nooit de bedoeling had om een negatieve boodschap over te brengen. Als de ene partner bijvoorbeeld zijn gevoelens deelt over een stressvolle dag en de ander reageert met onverschilligheid of afleiding, kan de eerste partner het idee krijgen dat zijn emoties onbelangrijk zijn, wat leidt tot gevoelens van wrok en isolatie.

Bovendien kan niet luisteren leiden tot emotionele afstand. Wanneer mensen het gevoel hebben dat hun partner hen niet echt hoort, kunnen ze terughoudend worden om hun gedachten en gevoelens in de toekomst te delen. Deze terugtrekking kan een cyclus creëren waarin de ene partner zich steeds meer geïsoleerd voelt, terwijl de ander zich niet bewust is van zijn of haar emotionele staat. Na verloop van tijd kan deze emotionele afstand intimiteit, vertrouwen en verbinding ondermijnen, wat leidt tot een afname van de tevredenheid in de relatie.

Bovendien kan het niet luisteren een machtsongelijkheid in de relatie creëren. Als één partner consequent gesprekken domineert terwijl de ander zich niet gehoord voelt, kan dit leiden tot gevoelens van frustratie en machteloosheid. Deze dynamiek kan een gevoel van ongelijkheid creëren, waarbij de behoeften en zorgen van de ene partner voorrang krijgen boven die van de ander. Deze onevenwichtigheid kan wrok en conflicten veroorzaken, wat de algehele gezondheid van het partnerschap ondermijnt.

Het herkennen van de signalen van ineffectief luisteren is cruciaal voor koppels die hun communicatie willen versterken. Een veelvoorkomende indicator is frequente onderbrekingen. Als partners merken dat ze elkaar onderbreken of door elkaar heen praten, kan dit erop duiden dat ze niet volledig betrokken zijn bij het gesprek. Onderbrekingen kunnen wijzen op een gebrek aan respect voor elkaars perspectieven en bijdragen aan gevoelens van frustratie en onbegrip.

Een ander teken is de neiging om te reageren met oordeel of defensiviteit. Als een partner consequent negatief reageert op de gedachten of gevoelens van de ander, kan dit een barrière vormen voor open communicatie. Deze defensiviteit kan kwetsbaarheid ontmoedigen en leiden tot verdere terugtrekking, waardoor het essentieel is voor koppels om een omgeving te creëren van niet-oordelend luisteren.

Om de neiging om niet naar elkaar te luisteren tegen te gaan, moeten koppels prioriteit geven aan actieve luistertechnieken. Een effectieve strategie is om reflectief luisteren te oefenen, waarbij partners herhalen of parafraseren wat de ander heeft gezegd om begrip te tonen. Deze oefening valideert niet alleen de gevoelens van de spreker, maar zorgt er ook voor dat beide partners op dezelfde pagina zitten. Als een partner bijvoorbeeld frustratie uit over werk, kan de ander reageren met: "Het klinkt alsof je je overweldigd voelt door je werklast. Klopt dat?" Deze techniek bevordert de helderheid en moedigt een diepere dialoog aan.

Bovendien kan het reserveren van speciale tijd voor zinvolle gesprekken de luistervaardigheden aanzienlijk verbeteren. Koppels moeten een omgeving creëren die vrij is van afleidingen, zoals telefoons of televisies, om ervoor te zorgen dat ze zich op elkaar kunnen concentreren. Deze praktijk stelt partners in staat om volledig deel te nemen aan discussies, wat begrip en verbinding bevordert.

Een ander belangrijk aspect van effectief luisteren is het handhaven van een open lichaamstaal. Non-verbale signalen, zoals oogcontact houden, knikken en naar voren leunen, geven aandacht en interesse aan. Wanneer partners laten zien dat ze fysiek betrokken zijn bij het gesprek, moedigt dit een diepere emotionele connectie aan en benadrukt het het belang van actief luisteren.

Bovendien is het beoefenen van empathie essentieel voor het bevorderen van effectieve communicatie. Partners moeten ernaar streven om zich in elkaars schoenen te verplaatsen, en proberen de emoties en motivaties achter de woorden van hun partner te begrijpen. Door elkaars gevoelens te erkennen en te valideren, kunnen koppels een veilige ruimte creëren voor open dialoog, wat kwetsbaarheid en emotionele intimiteit aanmoedigt.

Het kan ook nuttig zijn voor koppels om basisregels voor communicatie vast te stellen. Deze regels kunnen bestaan uit het vermijden van onderbrekingen, het gebruiken van "ik"-uitspraken om gevoelens te uiten en het zich committeren aan niet-defensieve reacties. Door deze richtlijnen vast te stellen, kunnen koppels een omgeving creëren die bevorderlijk is voor open en eerlijke communicatie, waardoor hun vermogen om effectief te luisteren wordt verbeterd.

Bovendien moeten koppels regelmatig check-ins houden om hun communicatie- en luistervaardigheden te beoordelen. Deze praktijk stelt partners in staat om te bespreken wat goed werkt en verbeterpunten te identificeren. Door openlijk communicatieproblemen aan te pakken, kunnen koppels samenwerken om hun luistervaardigheden en emotionele verbinding te versterken.

Daarnaast kan het zoeken naar externe ondersteuning nuttig zijn voor stellen die moeite hebben met communicatie en luisteren. Relatietherapie kan een veilige ruimte bieden voor partners om hun gevoelens te onderzoeken, communicatievaardigheden te verbeteren en onderliggende problemen aan te pakken die effectief luisteren in de weg kunnen staan. Een therapeut kan waardevolle inzichten en hulpmiddelen bieden om een gezondere communicatiedynamiek te bevorderen.

Concluderend kan het niet luisteren naar elkaar aanzienlijke uitdagingen opleveren voor nieuwe koppels, wat kan leiden tot misverstanden, emotionele afstand en machtsongelijkheid. Door prioriteit te geven aan actief luisteren, reflectietechnieken te oefenen en een empathische omgeving te creëren, kunnen koppels hun communicatievaardigheden versterken en hun emotionele verbinding verdiepen. Het omarmen van het belang van effectief luisteren stelt partners in staat om samen uitdagingen aan te gaan, wat uiteindelijk leidt tot een liefdevolle en veerkrachtige relatie die in de loop van de tijd floreert.

Gebrek aan emotionele steun

In het landschap van romantische relaties dient emotionele steun als een essentiële basis voor het bevorderen van intimiteit, vertrouwen en verbinding tussen partners. Vooral nieuwe koppels onderschatten mogelijk het belang van het bieden en ontvangen van emotionele steun, en richten zich in plaats daarvan op de opwinding van de relatie zelf. Een gebrek aan emotionele steun kan echter leiden tot gevoelens van isolatie, wrok en ontkoppeling, wat uiteindelijk de algehele gezondheid van het partnerschap ondermijnt. Het begrijpen van het belang van emotionele steun, het herkennen van de tekenen van afwezigheid ervan en het implementeren van strategieën om de emotionele verbinding te verbeteren, kan koppels helpen een veerkrachtigere en vervullendere relatie op te bouwen.

Emotionele steun omvat een reeks gedragingen die zorg, empathie en begrip tonen. Het houdt in dat je er voor elkaar bent in moeilijke tijden, actief luistert naar elkaars zorgen en elkaars gevoelens valideert. Wanneer partners emotionele steun bieden, creëren ze een veilige ruimte voor kwetsbaarheid en intimiteit, waardoor elke persoon zijn gedachten en emoties vrij kan uiten. Wanneer deze steun echter ontbreekt, kan dit leiden tot gevoelens van eenzaamheid en ontkoppeling, wat een aanzienlijke impact kan hebben op de algehele tevredenheid van de relatie.

Een van de belangrijkste gevolgen van een gebrek aan emotionele steun is de mogelijkheid van gevoelens van isolatie. Wanneer een partner zich niet gesteund voelt, kan hij/zij zich emotioneel terugtrekken, in de overtuiging dat zijn/haar gevoelens onbelangrijk zijn of dat zijn/haar partner onverschillig staat tegenover zijn/haar worstelingen. Deze terugtrekking kan een cyclus van afstand creëren, waarbij de niet-ondersteunde partner zich steeds meer geïsoleerd voelt, terwijl de ander zich niet bewust is van zijn/haar emotionele staat. Na verloop van tijd kan deze emotionele kloof het vertrouwen en de intimiteit ondermijnen, waardoor beide partners zich onvervuld en losgekoppeld voelen.

Bovendien kan een gebrek aan emotionele steun bijdragen aan gevoelens van wrok. Als een van de partners consequent het gevoel heeft dat zijn of haar emotionele behoeften niet worden vervuld, kan hij of zij negatieve gevoelens jegens de ander gaan koesteren. Deze wrok kan zich uiten in passief-agressief gedrag, terugtrekking of openlijk conflict, wat een giftige omgeving binnen de relatie creëert. Wanneer partners zich niet gewaardeerd of begrepen voelen, kan dit leiden tot een neerwaartse spiraal die uiteindelijk de gezondheid van de relatie ondermijnt.

Bovendien kan het ontbreken van emotionele steun persoonlijke groei en eigenwaarde belemmeren. Mensen floreren wanneer ze zich gesteund voelen door hun partners, en het gebrek aan validatie kan leiden tot gevoelens van ontoereikendheid en twijfel aan zichzelf. Wanneer een partner de prestaties en worstelingen van de ander niet aanmoedigt of erkent, kan dit een gevoel van onevenwichtigheid in de relatie creëren. Deze onevenwichtigheid kan gevoelens van competitie in plaats van samenwerking bevorderen, waardoor de emotionele verbinding verder onder druk komt te staan.

Het herkennen van de signalen van onvoldoende emotionele steun is cruciaal voor koppels die hun relatie willen versterken. Een veelvoorkomende indicator is een afname van open communicatie. Als partners merken dat ze gesprekken over hun gevoelens of zorgen vermijden, kan dit duiden op een gebrek aan emotionele steun. Deze vermijding kan leiden tot misverstanden en een gevoel van emotionele afstand, waardoor het voor koppels noodzakelijk is om prioriteit te geven aan open dialoog.

Een ander teken is toegenomen frustratie of prikkelbaarheid. Als een partner vaak frustratie uit over het onvermogen van de ander om emotionele steun te bieden, kan dit duiden op een groeiende ontkoppeling. Deze spanning kan een cyclus van negativiteit creëren, waarbij partners steeds meer gefrustreerd raken over elkaar in plaats van het onderliggende probleem van emotionele steun aan te pakken.

Om het gebrek aan emotionele steun tegen te gaan, moeten koppels prioriteit geven aan open communicatie over hun gevoelens en behoeften. Regelmatige check-ins kunnen een veilige ruimte creëren voor partners om hun zorgen en uitdagingen te uiten, waardoor ze elkaar effectiever kunnen ondersteunen. Door hun emoties te bespreken, kunnen partners elkaars perspectieven beter begrijpen en samenwerken om moeilijke tijden te doorstaan.

Bovendien is het oefenen van actief luisteren essentieel om emotionele steun te bieden. Wanneer een partner zijn gevoelens deelt, moet de ander zich er volledig mee bezighouden en empathie en bevestiging bieden. Deze oefening toont niet alleen zorg, maar moedigt ook diepere emotionele intimiteit aan. Als een partner bijvoorbeeld gevoelens van stress over werk uit, kan de ander reageren met: "Ik zie dat dit echt zwaar op je drukt. Ik ben hier om te luisteren als je erover wilt praten." Deze reactie bevestigt de gevoelens van de spreker en creëert een kans voor een open dialoog.

Een andere effectieve strategie om emotionele steun te vergroten is om waardering voor elkaar te uiten. Partners moeten moeite doen om elkaars bijdragen te erkennen, zowel groot als klein. Deze praktijk bevordert een cultuur van dankbaarheid en versterkt het idee dat beide partners gewaardeerd worden. Eenvoudige gebaren, zoals "dankjewel" zeggen of elkaar complimenteren, kunnen een lange weg gaan in het koesteren van emotionele verbinding.

Daarnaast zouden koppels zich moeten bezighouden met gedeelde activiteiten die de binding en verbinding bevorderen. Samen quality time doorbrengen, of het nu gaat om date nights, hobby's of simpele gesprekken, kan de emotionele band tussen partners versterken. Deze gedeelde ervaringen creëren kansen voor partners om op een dieper niveau verbinding te maken, waardoor hun emotionele steun voor elkaar wordt vergroot.

Bovendien kan het reserveren van speciale tijd voor zinvolle gesprekken de emotionele steun aanzienlijk vergroten. Koppels moeten een omgeving creëren die vrij is van afleidingen, zodat ze zich op elkaar kunnen concentreren. Deze praktijk stelt partners in staat om gesprekken te voeren over hun gevoelens en uitdagingen, wat een gevoel van intimiteit en begrip bevordert.

Bovendien is het beoefenen van empathie essentieel voor het bieden van effectieve emotionele steun. Partners moeten ernaar streven om zich in elkaars schoenen te verplaatsen, en proberen de emoties en motivaties achter de woorden van hun partner te begrijpen. Door elkaars gevoelens te erkennen en te valideren, kunnen koppels een veilige ruimte creëren voor open dialoog, wat kwetsbaarheid en emotionele intimiteit aanmoedigt.

Het kan ook nuttig zijn voor koppels om grenzen te stellen rondom emotionele steun. Dit kan betekenen dat er richtlijnen worden opgesteld voor het bespreken van gevoelige onderwerpen of dat er speciale tijden worden gecreëerd om elkaars emotionele welzijn te checken. Door deze grenzen te stellen, kunnen koppels voorkomen dat hun relatie overweldigd wordt door externe stressoren, terwijl ze ervoor zorgen dat beide partners zich gesteund en gewaardeerd voelen.

Daarnaast kan het zoeken naar externe steun nuttig zijn voor stellen die worstelen met emotionele verbinding. Relatietherapie kan een veilige ruimte bieden voor partners om hun gevoelens te onderzoeken, communicatievaardigheden te verbeteren en onderliggende problemen aan te pakken die emotionele steun in de weg kunnen staan. Een therapeut kan waardevolle inzichten en hulpmiddelen bieden om een gezondere emotionele verbinding te bevorderen.

Concluderend kan een gebrek aan emotionele steun aanzienlijke uitdagingen vormen voor nieuwe koppels, wat leidt tot gevoelens van isolatie, wrok en ontkoppeling. Door prioriteit te geven aan open communicatie, actief luisteren te oefenen en deel te nemen aan gedeelde activiteiten, kunnen koppels hun emotionele verbinding versterken en een veerkrachtiger partnerschap opbouwen. Het omarmen van het belang van emotionele steun stelt partners in staat om samen uitdagingen aan te gaan, wat uiteindelijk een liefdevolle en vervullende relatie bevordert die in de loop van de tijd floreert.

Geen plezier samen hebben

In de wervelwind van het opbouwen van een nieuwe relatie, is het gemakkelijk voor koppels om verzwolgen te worden door de ernst van toewijding, verantwoordelijkheden en toekomstplannen. Te midden van deze wervelwind, kan een cruciaal aspect vaak over het hoofd worden gezien: samen plezier hebben. Deelnemen aan leuke activiteiten gaat niet alleen om het verdrijven van de tijd; het is een essentieel element van een gezonde relatie die verbinding bevordert, intimiteit vergroot en de band tussen partners versterkt. Wanneer koppels verzuimen om plezier in hun relatie op te nemen, kunnen ze uitdagingen tegenkomen die kunnen leiden tot ontkoppeling, verveling en ontevredenheid. Het belang van gedeeld plezier begrijpen, de tekenen van een gebrek aan plezier herkennen en strategieën implementeren om vreugde terug te brengen in de relatie, kan koppels helpen een meer vervullende relatie te cultiveren.

Samen plezier hebben is een essentieel onderdeel om de vonk levend te houden. Door deel te nemen aan leuke activiteiten kunnen koppels ontsnappen aan de druk van het dagelijks leven en positieve herinneringen creëren die hun band versterken. Of het nu gaat om het verkennen van nieuwe plekken, het uitproberen van nieuwe hobby's of gewoon genieten van een spelletjesavond thuis, deze gedeelde ervaringen dragen bij aan een gevoel van kameraadschap en vreugde dat cruciaal is voor het koesteren van een liefdevolle relatie. Plezier dient als een herinnering aan waarom partners in de eerste plaats tot elkaar aangetrokken werden, en versterkt de emotionele band die soms overschaduwd kan worden door de uitdagingen van het leven.

Wanneer koppels echter geen prioriteit geven aan plezier, kunnen ze onbedoeld een gevoel van monotonie in hun relatie creëren. Het ontbreken van plezierige ervaringen kan leiden tot gevoelens van verveling en stagnatie, waardoor partners elkaar gemakkelijk als vanzelfsprekend beschouwen. Na verloop van tijd kan dit gebrek aan opwinding de emotionele verbinding ondermijnen, waardoor partners uit elkaar drijven. Een relatie zonder plezier kan aanvoelen als een klusje in plaats van een bron van vreugde, wat leidt tot ontevredenheid en desillusie.

Een van de belangrijke gevolgen van het niet samen hebben van plezier is de kans op meer stress. Wanneer koppels zich alleen maar richten op verantwoordelijkheden en uitdagingen, kunnen ze het belang van ontspanning en plezier over het hoofd zien. Deze onbalans kan leiden tot gevoelens van burn-out en frustratie, wat het mentale en emotionele welzijn van beide partners beïnvloedt. Plezier dient als een noodzakelijk tegengif tegen stress, en biedt koppels een broodnodige ontlading en een kans om op te laden.

Bovendien kan het ontbreken van plezier effectieve communicatie belemmeren. Wanneer koppels zich bezighouden met plezierige activiteiten, vinden ze het vaak gemakkelijker om zichzelf uit te drukken en op een dieper niveau verbinding te maken. Lachen en gedeelde ervaringen creëren een ontspannen sfeer die openheid en kwetsbaarheid aanmoedigt. Omgekeerd, wanneer partners verzuimen om samen plezier te hebben, kunnen ze het moeilijker vinden om effectief te communiceren, wat leidt tot misverstanden en emotionele afstand.

Het herkennen van de signalen van een gebrek aan plezier in de relatie is cruciaal voor koppels die de vonk weer willen laten overslaan. Een veelvoorkomende indicator is een afname van gedeelde activiteiten. Als partners merken dat ze meer tijd apart doorbrengen of aparte hobby's beoefenen in plaats van samen van ervaringen te genieten, kan dit duiden op een afname van plezier. Deze scheiding kan leiden tot gevoelens van ontkoppeling, waardoor het essentieel is voor koppels om prioriteit te geven aan gedeeld plezier.

Een ander teken is een toename van spanning of frustratie. Als partners vaak ruzie maken over kleine problemen of zich geïrriteerd voelen tegenover elkaar, kan dit duiden op een behoefte aan meer plezier en luchthartigheid in de relatie. Stress en negativiteit kunnen gemakkelijk doorsijpelen in interacties wanneer koppels geen plezierige activiteiten ondernemen, waardoor een cyclus van conflicten ontstaat die hen verder van elkaar vervreemdt.

Om het gebrek aan plezier tegen te gaan, moeten koppels prioriteit geven aan gedeelde activiteiten die vreugde en verbinding bevorderen. Dit kan het verkennen van nieuwe hobby's, spontane trips maken of zelfs nieuwe restaurants uitproberen zijn. Door uit hun comfortzone te stappen en nieuwe ervaringen te omarmen, kunnen koppels opwinding en nieuwigheid in hun relatie brengen, en samen blijvende herinneringen creëren.

Bovendien kan het plannen van regelmatige date nights een effectieve manier zijn om prioriteit te geven aan plezier. Door speciale tijd voor elkaar vrij te maken, zonder afleidingen, kunnen partners zich concentreren op het genieten van elkaars gezelschap. Of het nu gaat om een romantisch diner, een filmavond thuis of een avontuur in de buitenlucht, deze date nights bieden koppels de mogelijkheid om weer contact te maken en te lachen, waardoor hun emotionele band wordt verdiept.

Daarnaast moeten koppels een gevoel van speelsheid in hun interacties cultiveren. Het aangaan van luchtige grappen, speelse plagerijen of dwaze uitdagingen kan een gevoel van plezier in het dagelijks leven brengen. Deze speelsheid versterkt niet alleen de emotionele verbinding, maar helpt ook om stress te verlichten en een ontspannen sfeer te creëren waarin partners zich op hun gemak voelen om zichzelf te zijn.

Bovendien kan het samen uitproberen van nieuwe dingen het gevoel van plezier in een relatie vergroten. Of het nu gaat om een dansles, een kookworkshop of een wandelavontuur, nieuwe ervaringen kunnen opwinding en een gevoel van gedeelde prestatie creëren. Deze activiteiten doorbreken niet alleen de routine, maar bevorderen ook teamwerk en samenwerking, waardoor de band tussen partners wordt versterkt.

Het kan ook nuttig zijn voor stellen om mooie herinneringen en gedeelde ervaringen opnieuw te beleven. Terugdenken aan leuke momenten uit het verleden kan gevoelens van vreugde doen herleven en partners herinneren aan de connectie die ze delen. Stellen kunnen overwegen om oude foto's te bekijken, herinneringen op te halen aan eerdere avonturen of zelfs hun favoriete ervaringen opnieuw te beleven. Deze oefening kan de vonk weer aanwakkeren en partners aanmoedigen om plezier in de toekomst prioriteit te geven.

Bovendien kan openstaan voor spontaniteit het gevoel van plezier in de relatie vergroten. Koppels moeten kansen voor ongeplande avonturen omarmen, of het nu gaat om een spontane roadtrip of een spontane picknick in het park. Deze spontane momenten kunnen blijvende herinneringen creëren en een gevoel van opwinding bevorderen dat de relatie levendig houdt.

Concluderend kan het niet hebben van plezier samen een grote uitdaging vormen voor nieuwe koppels, wat leidt tot gevoelens van verveling, stress en ontkoppeling. Door gedeelde activiteiten te prioriteren, regelmatige date-avonden in te plannen, speelsheid te cultiveren en nieuwe ervaringen te omarmen, kunnen koppels de vreugde in hun relatie terugbrengen. Het erkennen van het belang van plezier stelt partners in staat om samen uitdagingen aan te gaan en tegelijkertijd een liefdevolle en vervullende relatie te koesteren die in de loop van de tijd floreert. Plezier is niet alleen een luxe in een relatie; het is een fundamentele noodzaak die de band tussen partners versterkt en blijvend geluk creëert.

Het negeren van het belang van groei

In de reis van elke relatie, met name romantische, is groei een fundamenteel aspect dat niet over het hoofd mag worden gezien. Naarmate individuen evolueren, kunnen hun behoeften, verlangens en perspectieven veranderen. Voor nieuwe koppels is het erkennen en koesteren van persoonlijke en relationele groei essentieel om een diepe en blijvende verbinding te bevorderen. Wanneer partners het belang van groei negeren, riskeren ze stagnatie, misverstanden en emotionele afstand, wat kan leiden tot aanzienlijke uitdagingen in hun relatie. Het begrijpen van het belang van groei, het herkennen van de tekenen van stagnatie en het implementeren van strategieën om wederzijdse ontwikkeling te stimuleren, kan koppels helpen een sterkere basis voor hun partnerschap te bouwen.

Groei in een relatie omvat verschillende dimensies, waaronder emotionele, intellectuele en persoonlijke ontwikkeling. Koppels die groei omarmen, creëren een omgeving waarin beide partners zich gewaardeerd, ondersteund en gemachtigd voelen om hun individuele doelen en aspiraties na te streven. Deze gedeelde toewijding aan groei bevordert diepere verbindingen, verbetert de communicatie en versterkt de algehele band tussen partners.

Een van de belangrijkste gevolgen van het negeren van groei is de kans op stagnatie. Wanneer koppels zelfgenoegzaam worden en hun individuele ontwikkeling verwaarlozen, kunnen ze uit elkaar drijven. Zonder voortdurende groei kunnen partners vervallen in routinepatronen die opwinding en vervulling ontberen. Deze stagnatie kan leiden tot gevoelens van verveling, frustratie en desillusie, wat de vitaliteit van de relatie ondermijnt.

Bovendien kan het negeren van groei een onevenwicht in de relatie creëren. Als een van de partners actief bezig is met persoonlijke of professionele ontwikkeling terwijl de ander stagneert, kan dit leiden tot gevoelens van wrok of ontoereikendheid. De groeiende partner kan zich niet gesteund of geïsoleerd voelen, terwijl de stagnerende partner kan worstelen met gevoelens van jaloezie of onzekerheid. Deze onevenwichtigheid kan spanning en conflict creëren, wat de relatie verder onder druk zet.

Bovendien, wanneer partners geen prioriteit geven aan groei, kan het voor hen een uitdaging zijn om effectief te communiceren. Naarmate individuen evolueren, kunnen hun behoeften en perspectieven verschuiven, wat leidt tot misverstanden als partners hun gevoelens en aspiraties niet openlijk bespreken. Dit gebrek aan communicatie kan een kloof creëren, waardoor het voor partners moeilijk wordt om elkaars motivaties en verlangens te begrijpen.

Het herkennen van de tekenen van stagnatie in een relatie is cruciaal voor koppels die prioriteit willen geven aan groei. Een veelvoorkomende indicator is een gebrek aan gedeelde doelen of aspiraties. Als partners merken dat ze losgekoppeld zijn van elkaars dromen of ambities, kan dit duiden op de behoefte aan meer bewuste gesprekken over persoonlijke en relationele groei.

Een ander teken van stagnatie is een afname van open communicatie. Als partners hun gevoelens, doelen en aspiraties niet bespreken, kan dit een barrière vormen voor begrip en verbinding. Dit gebrek aan dialoog kan erop duiden dat partners geen prioriteit geven aan groei, wat leidt tot gevoelens van isolatie en ontkoppeling.

Om de neiging om groei te negeren tegen te gaan, moeten koppels prioriteit geven aan open en eerlijke communicatie over hun individuele doelen en aspiraties. Regelmatige check-ins kunnen een veilige ruimte creëren voor partners om hun gevoelens, uitdagingen en verlangens te uiten. Door hun persoonlijke reis te bespreken, kunnen partners elkaars motivaties beter begrijpen en samenwerken om elkaars groei te ondersteunen.

Bovendien kan het stellen van gedeelde doelen het gevoel van partnerschap en samenwerking in de relatie versterken. Koppels moeten in gesprek gaan over hun aspiraties, zowel individueel als als koppel, en uitvoerbare plannen maken om deze te bereiken. Of het nu gaat om het plannen van een reis samen, het nastreven van een nieuwe hobby of het stellen van financiële doelen, gedeelde doelen bevorderen teamwerk en versterken de emotionele band tussen partners.

Bovendien kan het omarmen van verandering en openstaan voor nieuwe ervaringen de persoonlijke en relationele groei aanzienlijk verbeteren. Koppels moeten elkaar aanmoedigen om uit hun comfortzone te stappen, nieuwe activiteiten te proberen en kansen voor leren en ontwikkeling te omarmen. Deze openheid voor verandering bevordert niet alleen de individuele groei, maar verrijkt ook de relatie door opwinding en nieuwigheid te introduceren.

Bovendien is het beoefenen van empathie en begrip essentieel om groei in een relatie te bevorderen. Partners moeten ernaar streven elkaars aspiraties te ondersteunen, zelfs als ze verschillen van hun eigen. Door elkaars doelen te erkennen en te valideren, creëren koppels een koesterende omgeving waarin beide partners zich gewaardeerd voelen en aangemoedigd worden om hun individuele reis te vervolgen.

Het kan ook nuttig zijn voor koppels om samen aan persoonlijke ontwikkelingsactiviteiten deel te nemen. Of het nu gaat om het bijwonen van workshops, het lezen van zelfhulpboeken of het deelnemen aan cursussen, gedeelde ervaringen kunnen groei bevorderen en de emotionele verbinding versterken. Deze activiteiten bieden partners de mogelijkheid om van elkaar te leren en samen nieuwe ideeën en perspectieven te verkennen.

Bovendien is openstaan voor feedback cruciaal voor groei. Partners moeten een cultuur van constructieve kritiek creëren waarin ze hun gedachten en observaties met elkaar kunnen delen. Door ontvankelijk te zijn voor feedback, kunnen koppels verbeterpunten identificeren en samenwerken om persoonlijke en relationele groei te bevorderen.

Daarnaast kan het zoeken naar externe ondersteuning nuttig zijn voor stellen die te maken hebben met groeiproblemen. Relatietherapie of coaching kan waardevolle inzichten en hulpmiddelen bieden om groei en communicatie te bevorderen. Een professional kan partners helpen hun individuele reis te verkennen en manieren te vinden om elkaars ontwikkeling effectief te ondersteunen.

Concluderend kan het negeren van het belang van groei aanzienlijke uitdagingen opleveren voor nieuwe koppels, wat kan leiden tot stagnatie, misverstanden en emotionele afstand. Door prioriteit te geven aan open communicatie, gedeelde doelen te stellen, verandering te omarmen en empathie te beoefenen, kunnen koppels persoonlijke en relationele groei bevorderen. Het erkennen van het belang van groei stelt partners in staat om samen uitdagingen aan te gaan en tegelijkertijd een liefdevol en vervullend partnerschap te koesteren dat in de loop van de tijd floreert. Groei is niet alleen een individuele reis; het is een gedeelde toewijding die de band tussen partners versterkt en blijvend geluk in de relatie creëert.

Conclusie

Terwijl nieuwe koppels door de complexiteit van hun relaties navigeren, wordt het steeds duidelijker dat bepaalde veelvoorkomende fouten hun groei en verbinding kunnen belemmeren. Deze verkenning van verschillende valkuilen - variërend van overhaaste verbintenissen en verwaarlozing van communicatie tot het negeren van het belang van plezier en groei - benadrukt het belang van bewustzijn en intentionaliteit bij het opbouwen van een gezond partnerschap. Relaties zijn dynamisch en vereisen inspanning, begrip en een bereidheid om zich aan te passen naarmate individuen zich in de loop van de tijd ontwikkelen.

De reis van de liefde gaat niet alleen over het vinden van de juiste partner, maar ook over het koesteren van de relatie door gedeelde ervaringen, open communicatie en wederzijdse steun. Elk hoofdstuk van deze discussie benadrukt het belang van het creëren van een omgeving waarin beide partners zich gewaardeerd, gehoord en aangemoedigd voelen om hun individuele dromen na te jagen naast hun gedeelde doelen. Door de potentiële fouten te herkennen die kunnen ontstaan in een nieuwe relatie, kunnen koppels deze proactief aanpakken, wat leidt tot een sterkere en veerkrachtigere band.

Het is essentieel voor koppels om te onthouden dat groei geen lineair proces is; het omvat ups en downs, successen en uitdagingen. Door deze realiteit te omarmen, kunnen partners hun relatie met meer mededogen en begrip navigeren. Het vermogen om fouten openlijk aan te pakken en ervan te leren, kan uitdagingen omzetten in kansen voor diepere verbinding en groei.

Uiteindelijk is liefde een reis die gedijt op inspanning, toewijding en de bereidheid om zich aan te passen. Door prioriteit te geven aan communicatie, plezier en persoonlijke groei, kunnen koppels een levendige en vervullende relatie creëren die de tand des tijds doorstaat. Door de lessen te omarmen die zijn geleerd van veelgemaakte fouten, kunnen partners een partnerschap cultiveren dat geworteld is in vertrouwen, respect en gedeelde vreugde. Door dit te doen, leggen ze de basis voor een blijvende liefde die bloeit door alle seizoenen van het leven.